转弯

新妈妈的暖心课

New Mother

舒心 著

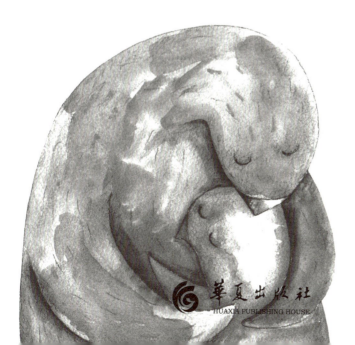

请扫下方微信小秘书
进作者互动答疑群

华夏出版社
HUAXIA PUBLISHING HOUSE

图书在版编目（CIP）数据

转弯：新妈妈的暖心课/舒心著. —北京：华夏出版社，2019.10
ISBN 978-7-5080-9656-8

Ⅰ. ①转… Ⅱ. ①舒… Ⅲ. ①母亲－女性心理学－通俗读物
Ⅳ. ①C913.11-49②B844.5-49

中国版本图书馆 CIP 数据核字（2019）第 009444 号

转弯——新妈妈的暖心课

作　　者	舒　心
责任编辑	王凤梅
责任印制	刘　洋

出版发行	**华夏出版社**
经　　销	新华书店
印　　刷	河北赛文印刷有限公司
装　　订	河北赛文印刷有限公司
版　　次	2019 年 10 月北京第 1 版 2019 年 10 月北京第 1 次印刷
开　　本	880×1230　1/32 开
印　　张	6.75
字　　数	95 千字
定　　价	49.00 元

华夏出版社　　地址：北京市东直门外香河园北里 4 号　　邮编：100028
网址：www.hxph.com.cn　　电话：（010）64663331（转）
若发现本版图书有印装质量问题，请与我社营销中心联系调换。

Contents 目录

新妈妈一般是指第一次做母亲的女性。这个阶段内女性完成了一个重大的转变，即从女人成为了母亲。这种转变是突然发生的，不管你如何设计与策划，都是一瞬间就到来的，而以后的转变过程却是相对漫长的。

　　当你面对新生宝宝的那一刻首先是欣喜万分，但又有些陌生，等待已久的时刻终于来了，而后面的日子会发生什么呢?《转弯》是一本带给新妈妈人生思考与智慧的新书，作者是著名心理咨询师及培训专家，她根据自己从业多年的感受与经历，提炼出了成功转变角色的人生感悟，不失为当代职业女性及追求高品质家庭生活女性的良师益友。

　　作者通过三部分九个章节的阐述与讲解，生动地勾勒出新妈妈的人生场景与接踵而来的生理与情感困惑。当你为分娩后不佳心境难以自拔时，当你为新生宝宝的啼哭不知所措时，当你为丈夫的表现伤心失望时，当你在自己照顾宝宝还是交给老人或保姆更为上策犹豫不决时，一定要翻开这本书，你会一一找到解决这些问题的答案。而在以后的日子里，如何处理职场与宝宝的关系，如何处理交由老人带养宝宝接踵而来的矛盾，如何评价自己在事业与家庭中的重要性及地位，如何在宝宝成长中正确把握自己的位置及角色，给宝宝创造最佳的成长环境，又是宝妈们不得不面对的思考与挑战。开卷有益，当你打开《转弯》，一定会给你惊喜，更会给你带来思考。成为母亲是女性人生新的开始，正确地处理好在宝宝养育中的问题与挑战，不仅会给你的宝宝最贴心温暖的爱，更会使你自己获得更精彩的人生。

值得提出的是这本书不仅是新妈妈的暖心课，其实也是新爸爸的私人秘书，可以帮成长中的男人从另一个视角解析自己妻子的心路历程，不断修正自己的思绪与位置，调节自己的心境，帮助妻子顺利渡过这一人生的重大转变期。新爷爷、新奶奶、新姥爷和新姥姥也可认真地阅读一下这本书，当孙代出生后，隔代人也开始了新的人生阶段，了解并试着读懂新妈妈的生理变化及内心世界，了解新一代女性育儿理念，对家庭和睦与幸福也一定很有意义！

我们正处在伟大复兴历史新时期，妇女的事业与责任又被赋予了更加丰富的内涵，肩负了起了更重要的责任担当。祝新妈妈们勇敢地、智慧地把握这一变革时期的机遇与挑战，建设自己幸福美好的家园。

张巍　教授

首都医科大学附属北京妇产医院主任医师

当我们年老时，回想一生经历过的难忘瞬间，恐怕孩子出生这一刻是没有哪个妈妈会遗漏的。那一天，我躺在手术台上，感觉医生的手在我的肚子里翻腾，心想要经过怎样的折腾才能把这个小生命取出来呢？忽然，我听到尖厉的婴儿啼哭声，循声向左望去，只见两个医生正在擦拭一个小小的身体，她的一只手正向上举起，五个手指全部分开，一张一张的。"那是我的孩子！我做妈妈了！"眼泪夺眶而出。

　　所有的妈妈都经历过这样激动人心的时刻。当一个生命到来，我们总是能深深地感受到生命是一个奇迹。一个生命从无到有，从一个小小的受精卵到一个有着鼻子、眼睛、嘴巴、耳朵、手和脚的小婴儿，一个心脏在跳动、大脑会思考、有感觉、有情绪的人，这是多么神奇！

　　沉睡的母性焕发出来了。一个活生生的小人就在你的面前，你可以实实在在地爱他。你惊奇地发现，你有了一种近乎神通的能力，你总是能感应到他。当自己的乳汁汩汩地流入婴儿的身体，那种深深的一体的感觉，怜爱疼惜的心情，只有为人母时才能体验到。你感觉到一股绵延的柔情在身体里升起，滋润着孩子，也滋养了自己。有时候你会觉得，有了孩子，此生再无奢求。

当女人沉浸在生育之初的美妙中时，诸多人生新课题也正渐次打开。去观察一个刚刚生完孩子的母亲，她的脸上闪烁着幸福的光芒，但愁容也在显现。她隐约地知道，人生将被这个新来的小家伙改写。过来人可能会在你怀孕的时候说："这只是开始。"你那时还不懂得此话的真正含义，你以为两步可以跨过转弯，殊不知其弯度之大超过你的想象，而转弯后的路况与风景已大不相同，里面的损失与机会都是你之前无法预料的。做妈妈固然幸福，却也和无尽的付出和持续的煎熬联系在一起。初为人母的日子，是最好的时期，也是最坏的时期，是天堂，也是地狱。

我亲历了这一切。我还记得那时候笨拙地给孩子洗澡的情景，一个人趴在枕头上沉浸在情绪中的感觉，脆弱、无助、渴望关怀，各种情绪像从地下突然涌出的泉水一样往外冒。在茫然与无助的时候，我希望丈夫能及时地安慰我，然而那时他的行为总不能如我的意。父母来了，他们帮助我很多，但是小家也变成了大家，关系变复杂了，如何管理一个家成了摆在我面前的新课题……我意识到，我迎来了人生中一个重要的阶段，生命正在发生重大的变化，它将影响我的后半生，也会影响我的家庭和孩子的未来。我如何才能更好地度过这个时期呢？我又如何能把握好这个阶段，使我的人生不是从此坠落，而是走向更加丰富和完整?

对于新妈妈，人生的航船已经转变了方向，周遭的环境在发生巨大的变化，命运之轮正在向着完全陌生的领域行进。如何接受改变，如何处理情绪，如何处理关系，如何在离开职业轨道的日子里获得内心的平衡，如果在母亲、妻子、女儿、儿媳、职业人等多重的身份交叠中依然能够保有自己，这些都是新妈妈们迫切想要了解并需要得到指导的。

同样的困惑与渴望

我想，我作为一个心理咨询师尚且会如此，那么，别的新妈妈是不是更加困惑，更加迫切地需要得到指导呢？我不得而知，于是，我去观察周围更多的新妈妈。在社区的小花园里，我听到带着孩子晒太阳的新妈妈们聚在一起哀叹，轻松自由的日子一去不复返了；在医院里，我看到妈妈们焦虑地向医生求证孩子是否正常，对于自己是否当好了妈妈总是流露出紧张；在公交车上，我看到背着大包抱着婴儿吃力地上下的新妈妈，养育的责任让她们看上去少了些从容，多了些狼狈；在心理学课堂上，我常常会遇到新妈妈，她们总是在发言中提到，做了妈妈遇到太多苦恼，于是想到心理学中寻求帮助……看来，我的感受并非孤例，妈妈们有着同样的经历，同样的情感，同样的渴望。

女性在生孩子以前对于即将发生的人生转变是缺乏足够的心

理准备的。我们并非不重视孕期的学习，但是人们大多把注意力放在了如何孕育和生产一个健康宝宝上，却没有人告诉你，生下这个孩子之后你又该如何面对后面的生活。没有预警，没有练习，就突然成了母亲，而生活的巨变来得突然而又必然，女性感到难以招架。

人们已经十分重视婴儿对妈妈的需求，有很多理论在告诉女性，要如何做才能成为一个好妈妈。但是，很少有人考虑，处于这个特殊阶段的女性自身有着什么样的需要。人们忽略了，要让一个母亲是合格的，首先要保证这个女性自身是身心健康的。当她处于良好的状态，充满能量，她才有可能给予一个孩子足够的爱和照顾，如果她如泥菩萨过河，自身难保，又如何去做好一个母亲呢？

人们也是关爱新妈妈的，但还停留在传统的坐月子的方式里，除了一再地提醒要保养好身体，似乎并不能提供更多。当有新妈妈出现产后抑郁，甚至有些新妈妈做出了极端行为的时候，人们会唏嘘不已，这其中固然有新妈妈自身的原因，但是人们往往看不到，还有另外一些原因被有意无意地忽略了。人们习惯于把女人初为人母的这个历程模糊化，用一些似是而非的语言掩盖这个时期里可能出现的各种非常实际的问题。"女人都是这么过来的。"人们常常这样说，可是到底女人在这几年里经历了什么，又如何能比较好地度过，很少有人细问。在丧偶式育儿已经成为女性共同的感慨时，我们发现，时代已经发生了巨大的变化，女性已经在担当社会职能方面做出巨大的贡献，但是女性承担养育职能方面得到的支持却还停留在过去的模式里，虽然物质上已经不再欠缺，但在心理和精神上的支持却远远没有跟上。

偶然的机会，受邀向新妈妈们分享我做妈妈的感悟，竟然得到新妈妈们的认同。几次讲座下来，组织者说："每一次都有妈妈哭，说明这不是个别现象，是大家都有共同的感受、共同的需要。你应该把这些问题写出来。"

这成为这本书的缘起。我试图通过一本书分享我本人和其他妈妈的亲身经历与内心感受，梳理新妈妈面临的共同课题，并找到一些求解的线索。

我对新妈妈这个群体进行了大量的有意识的观察，我的眼睛和耳朵仿佛装了一个自动开关，每当人们谈论跟新妈妈有关的话题，开关就会自动打开，把信息收集进来，纳入我思考的框架。同时，作为一名心理咨询师，我有机会看到很多新妈妈的转折历程。有的妈妈在我面前声泪俱下地控诉老公如何在她生了孩子以后不再爱她了；有的妈妈深陷婆媳关系的漩涡，不知如何才能从人际的纠缠中解套；有的妈妈告诉我她如何在生育期间被人为地关闭了上升通道，感受到无法言传的委屈；有的妈妈拼尽全力地要成为一个好妈妈，却又长年处于焦虑中……通过她们，我看到女性共同的经历，共同的命运，看到孩子如何改变了女人的人生，女人又如何因为孩子改变着自己，以及女性身上所蕴藏着的巨大的潜能。

在鸡毛蒜皮中寻找意义

我试图从新妈妈的生活实例中总结出规律。可是，我发现，虽然新妈妈遇到的挑战和问题颇多，却都是些看上鸡毛蒜皮，听起来家长里短的事情。女人经历的这个变化确实是重大而深刻的，但真的说到细处又显得那么平凡、琐碎，比起那些经国伟业的大事，似乎它并没有什么了不起的意义。

我一度困惑，我能在这些平凡的事情中找到意义吗？可是，每当看到新妈妈难以自抑地表达她们的困扰，听到来访者反复地讲述孩子如何影响了她的人生，我就会感到，梳理新妈妈的议题并给予回应是必要的。人们去一个城市旅游尚且要查地图、看路线，那么，做妈妈呢，如此重大的事情，当然更需要有所准备，需要知道在遇到问题的时候如何可以找到支持。

我带着怀疑继续工作。有的时候，跟新妈妈在一起，我尝试让她们谈一谈如何建设自己，妈妈们却总是会情不自禁地问起如何养育孩子的问题。妈妈们一边苦恼着，一边认为自己的苦恼并不重要。我意识到，对于新妈妈这个群体，对于新妈妈的需要，我们似乎都处在一种无意识忽略的状态，甚至包括新妈妈自己。

然而，总有一些人和事会提醒我们。当一个儿童出现问题，咨询师通常会探询到这个儿童背后的家庭，特别是母亲对他的影响。一个人童年时期的养育方式，特别是母亲与孩子的互动，可以影响他的整个人生。即使是成年人，当他们来到咨询室，随着咨询的深入，他们总是免不了谈到母亲与他的命运有着怎样必然的关系。既然如此，我们如何可以忽略母亲？我们如何可以在一个女性刚刚当上母亲的时候不去关注她？

是时候来关注新妈妈了。如果我们在过去的很长时间里不能把注意力给到新妈妈，让她们在茫然困顿中选择独自坚强，那么现在，到了我们可以有意识地给予新妈妈这个群体以关注和支持的时候。

通过六年的观察和总结，我越来越确信，女人要成功完成做妈妈这个人生转折，做充分的心理准备、学习相关的知识和技能是必要的，也是可能的。如果社会能给予新妈妈更多关注，工作做得更到位，就可以帮助女性积极地面对生育这一重大的人生变化，预防产后抑郁等心理疾病的发生。新妈妈自身如果能够更多地了解和学习相关的知识和技能，就可以让后半生过得更好，也可以为孩子打下一个良好的人生基础。

我不再纠结于这项工作是否有意义，我开始相信，正是由于看上去那么常见，人们才忽略它，而这背后存在着普遍的没有被回应的需求。如果能对这些广泛地影响着我们的生活的却又被忽略的问题做出积极的回应，它就是一件极具意义的事情。

用一生的眼光看当下

看到新妈妈所承受的压力与挑战，我们总是试图帮助她们解围。然而，如果仅局限于具体的事情，往往找不到答案。对于一个总是在某一类问题上感到没有办法，深陷无力的新妈妈，如果不看到她当下的状态如何受到过去的影响，她通常无法摆脱束缚多年的桎梏，很难真正走出来。同样，对于一个处在关系纠葛中的新妈妈，如果我们不让她看到她的家庭有着怎样的构成，又如何形成了这样的关系局面，她也无法停止对别人的道德评判，而总是习惯性地把自己放在一个受害者的位置上，并且真的深受其苦。

我们必须有一个更加广阔的视角去看待处于这个阶段的新妈妈。

我所说的广阔视角包括两个方面。一个是把新妈妈的这个阶段放在女性的整个人生里来看，另一个是把新妈妈的人际关系放在她所处的系统中来看。

用一生的视角去看一个阶段，意味着我们不仅看到女人生养孩子的这个当下，也看到它的过去和未来。很多时候，一个新妈妈之所以有那样的感受、想法和应对，其实反映着她曾经的历程，那是过去的一个结果，而孩子的出生只是一个诱因，引出了她内在潜藏的东西。她如何去面对，如何去做出选择，这又直接影响着她未来的人生，以及孩子的健康和整个家庭的幸福。

从一生的眼光看新妈妈所处的这个阶段，你会发现，它是一个极其特殊的时期，是一个女性生命中的第二次成长。

作为新妈妈的你，是否曾经体验到，小时候的一些记忆像电影一样再现了，感觉仿佛时光倒流，其中既有久违了的纯真，也有被隐藏了多年的伤痛。当我们看到一个新生命的到来，看着它一天天长大，自己也仿佛重新生长了一次，在这个过程中，自己过去没有长好的部分就有机会得以修复。我们会用像孩子一样的眼睛和心灵去感知世界，看到很多成年人看不到、感知不到的东西，回归生命原初的纯真。当我们去爱孩子，就体会到养儿方知父母恩的内涵，明白了自己曾经那样被爱过，否则就没有今天的自己。这些本身都具有极大的疗愈作用。

同时，童年的一些创伤被激发了，它可能是自发冒出来的一些童年的感受，也可能是看到别人如何对待孩子而激发了自己曾经的创伤体验，这会让你感到痛苦，可是这仍然是很好的疗愈的契机。这是因为，你现在可以作为一个成年人去观察那个曾经受伤的自己，你已经拥有了比童年时更多的理性和包容，你会看到不一样的东西，你会从那种受伤的状态里出来。在这样的过程里，疗愈发生了。如果你能在此期间得到专业的支持，那么你会更加充分地利用这个时期，加快疗愈的进程。

此时，仿佛女人的内在有两个人在同时发展着，一个是成年的女性，她已经当上母亲，她要发展自己、养育孩子、管理家庭，她面对生活，迎接挑战，也影响他人。另一个是曾经的小女孩，她未曾长好的、有待成熟的部分，在这个过程里在慢慢地长好，变得成熟，小女孩在快速地长大。这两个过程是同时并行的，直到二者逐渐合一，形成一个完整的自我。

这是难得的重建自我和加速发展的机会时期。如果女人能利用好它，生命会迅速地圆熟起来，走向完整。

用系统的眼光看新妈妈

对于已经拥有相对稳定的关系的家庭来说，孩子的出生仿佛一个运行规律的星球闯入了一个外星人，它给这个星球带来巨大的冲击，以至于整个星球的秩序都会因之变动。二人世界变成三角关系，过去的游戏规则不再适用，夫妻二人一方面要投身在养育孩子的大事小情中，另一方面还要不断地调适关系。而关系的变化不止于此，当有其他人员的加入，关系就更加复杂了，每多出一个人，家庭就增加更多的二人关系、三角关系、多边关系，这些交错的关系彼此关联，互相牵制。在这个系统里，我们因为爱孩子而各自倾其所有地奉献，但也因为爱，我们都很容易变得执着，矛盾冲突不断，有时候，一个成员的微小举动都可能引发一场家庭战争。

对于这些，新妈妈们基本上没有心理准备，她们往往抱着非常单纯的有了孩子别人会来帮自己的心理预期，而实际发生的情况常常让她们感到震惊和慌乱。

如果我们把新妈妈所经历的一切放在家庭和社会的系统中来观察，就不会一味地陷在是非对错里，不是总处在情绪中，而是可以更加全面地理解问题，更加客观理性地解决问题。

在育儿系统中，新妈妈处于核心位置，她是独一无二的，不能轻易被替代的，她也不能轻易放弃这个位置。在错综复杂的关系里，新妈妈又处于一个交汇的位置，她所承受的压力和她对整个家庭的影响是超出其他家庭成员的。如果新妈妈能够顺应系统动力的变化，对自己的权利运用得当，她就有可能把这个关系混乱又微妙的时期变成一个机会期，为孩子的一生打下一个好的心理基础，促进家庭成员的合作，对孩子和家庭发挥更多积极的影响。

一个妈妈的状态直接决定和影响着一个孩子、一对夫妻、一个家庭的状态，千万个这样的家庭就构成了新妈妈这个群体对整个社会的影响。歌德说，伟大的女性引领我们上升。在观察新妈妈时，我对这句话产生了深深的共鸣。我看到女性因为爱自己的孩子，然后爱上所有的孩子；由于想要自己的孩子受到好的教育，开始关注教育改革；由于想要自己的孩子健康，开始注重环保；由于想要自己的孩子融入社会，于是主动地担当起组织和领导的责任……在有了孩子以后，女性深刻地觉醒，加速地成长，同时也把这种影响带给孩子、家庭，以至整个社会，直接或间接地推动着世界的变化与发展。

写给新妈妈的心理引导书

基于自身的经历和众多新妈妈所呈现出的需要，基于对大量新妈妈的观察与思考，今天，有了这样一本书。

呈现在您面前的这本书，不是告诉你如何育儿，也不是告诉你如何恢复体形、尽快找回社会竞争力，它是要告诉你如何去胜任新妈妈这一崭新的人生角色，如何在自我、孩子、家庭与事业间取舍平衡，如何通过成为母亲这个过程实现自我成长，从而更好地活出自己。

在这本书里，我试图对一个母亲的整个历程做出一个全景式的概括，也对一个女性初为人母所要面对的主要问题进行了提炼，并给予了回应。我希望这些工作就像画了一个地图，帮助新妈妈了解自己正在开启的人生旅程，也让新妈妈在遇到某些具体问题时知道如何去面对。

这本书共分为三个部分，第一分部讲的是当一个女性成为母亲，她与自身的关系，其中涉及如何理解母亲这个角色，如何面对自我发展与照顾孩子的冲突，如何面对可能出现的情绪波动，包括产后抑郁。

第二部分讲的是夫妻关系在生育后的变化，分析了两性在生育这个分水岭前后角色、情感、关系的变化，也对男女在家务分配和教育理念的冲突问题做出了回应。

第三部分讲的是家庭系统的变化，其中涉及与男方家人的关系、与自己父母的关系，分析了当前中国社会非常普遍的老人帮忙带孩子的现象，特别提出了新妈妈在育儿和家庭系统中的位置议题。

需要说明的是，在这本书里所谈到的问题与现象，不是一定会发生在你的身上，也不希望这种基于实际问题而梳理出的脉络让读者总是要耽溺在问题里，甚至去制造问题。我更希望大家从这本书中看到，别的新妈妈也有着同样的激动、幸福、快乐，因为孩子的到来而对人生有了新的发现和领悟，也有同样的挣扎、困惑、苦恼，总是在探索着找到应对之道。

在这本书里，我概括性地提供了一些与母亲相关的心理学常识，希望基本而重要的常识能被充分地传播。我也试图说出一些我所发现的没有被前人说出来的规律，像从一个人到两个人、新爸爸滞后现象等，在我看来，它们仿佛是数学中的公理，人们都觉得是那样，但又常常在这些问题上纠结，当我们把它明确地表达出来，作为确定的原理使用，它就能够起到帮助我们解开心结的作用。

当然，仅有心理学的解析其实是不够的，对于大众来说，人们更需要真正能够帮助其解决问题的实用方法。所以，我在写作过程中有意识地打破了传统心理学书籍的框架和表达方式，引入了社会学和管理学的一些理念和方法，比如，我们不再把育儿当作母亲一个人的事，而是把它当作一个家庭的一个重要项目来看待，把家庭的每一位成员纳入养育团队。还有一些方法是我个人的总结与发现，我在个人的实践和咨询工作中感觉到有用，就拿到这里来分享，比如跷跷板理论、加权平均法、与老人相处的三三制原则、妈妈在育儿系统中的核心位置、家庭 CEO 等，还专门为新妈妈设计了用于放松和调整情绪的冥想，希望这些发现与创新对于新妈妈是有帮助的。

今天，回顾自己成为母亲的历程，再想一想那么多新妈妈经历的故事，我仿佛看到这样一个画面：经由做母亲这个过程，众多女性实现了人生的转弯，如同一条条小溪，转过一个巨大的山弯之后汇入了江河，去到大海。

我确信，成为母亲完全可以成为一个女性自主地驾驭并加以合理使用的过程。勇敢地开启你身为母亲的旅程吧，即使有未知的恐惧，有负担在身，你所收获的必将超过你的想象！

第一部分
自我篇

当上妈妈，会面临新角色的挑战，
也会感到内在角色的冲突。
内在平衡被打破了，要建立新的自我平衡，
会有许多新奇的体验，也会在两难之间撕扯，
情绪起起落落……

第一章

妈妈，
全新的人生角色

妈妈，一个全新的，也是女人今后的人生中一个至关重要的角色。在开启母亲的旅程时，了解母亲这个角色是必要的。

你的存在对他至关重要

很多新妈妈是在茫然中一头扎进妈妈这一角色里的，看着身边多了一个小家伙，心怀喜悦，却又手足无措，不知道自己对孩子有着怎样的意义，又不知道该如何安排后面的生活。

新妈妈还会问一个早被妈妈们问过千万次的问题，即孩子要不要自己带。

答案其实是大多数妈妈都能说出来的"孩子还是要自己带"，"妈妈亲自带孩子是最好的"，这已经成为时下人们张口就来的常识了，基本上没有人反对。

实际生活中会呈现出多种多样的状况。我们会看到，一个新妈妈学了很多育儿知识，却不自己带孩子，她用书上学来的知识去指导自己的妈妈或者婆婆如何带好她的孩子。也有的新妈妈说："孩子刚出生还不认人，谁带他都行，他分不清谁是妈妈。"这样说的新妈妈认为，别人可以代替自己，甚至别人比自己更合适。她们以为，对于孩子来说，自己除了有一对可以喂奶的乳房，并不比其他人更有意义。

没有人能像妈妈做得一样好

我们有必要清楚地说明并一再地重申一个常识：作为女人，当你孕育一个孩子时，你注定是他生命中第一个重要的人。对于带孩子，没有人能做得像妈妈一样好。

我们人类的孕育和动物不同。小马一出生，很快就能站立、行走，可是人类不行。人类的胎儿发育到一定程度，就不能继续待在妈妈体内了，他要离开母体继续发育。相较于那些一出生就独立的动物而言，人类的婴儿就像是早产儿。婴儿离开了母体，可是他和妈妈的联结却是非常紧密的，妈妈的呼吸、脉搏、声音、气息、味道，这一切都是婴儿最熟悉的，是能够让他感觉到安全的。在刚刚离开母体的时候，妈妈是婴儿最急于寻找和依恋的人。

妈妈在这个特殊的时刻所拥有的母性能量和作为妈妈的直觉是其他人并不具备的。有的时候，新妈妈自己也会感觉神奇，比如夜间，她会在婴儿的一声啼哭中从沉睡中一下子醒来，瞬间坐起，给婴儿哺乳。这和一个人的意志无关，而完全是一种母性本能。妈妈与婴儿之间这种神奇的联结会在婴儿出生后的一段时间里持续，这使得婴儿可以很好地适应自己出生后的变化，完成初到人世的过渡。

妈妈，作为婴儿的孕育者，是他生命的源头，他一生都会依恋她。妈妈的突然离开，或者照料者换成另外一个人，对婴儿造成的冲击是巨大的。有些人认为，婴儿由其他人来照料，也有吃有喝，并不受苦，可是对婴儿来说，令他生理和心理得到满足的那个可以依靠的人消失不见了。

提出依恋理论的心理学家鲍尔比认为，人的心理稳定和健康发展取决于内在的安全基地，而这个安全基地的形成，在人还是小孩子的时候，更多的是取决于妈妈。如果孩子在早期的母婴互动中体验到爱和信任，他就会觉得自己是可爱的、值得信赖的。如果孩子的依恋需要没得到满足，他就会对自己形成一个不好的印象，他会觉得自己基本上不被任何人欢迎。这种基于母婴互动而形成的"内部工作模式"会成为孩子未来的行为方式，成为他未来人际关系的参照系。

孩子在小时候，特别是在三岁以前，至少一岁以前，需要与妈妈在一起，得到妈妈的及时回应和亲密爱抚。这是一个新妈妈在成为母亲的时候需要了解的一个基本常识。因此，在新妈妈刚刚走马上任的时候多强调这些并不为过。有一句话叫"你的三年，他的一生"，这句话精炼地概括了一个成人和一个孩子共同度过的三年对于彼此的意义。

有的人对于这样的说法表示怀疑，他们说，他认识的某个人就是小时候被寄养的，或者他自己一出生就和妈妈分开了，他觉得没有问题。也有的人会说，不要那么娇气，孩子迟早都会和妈妈分开，还不如早点，让孩子从小就锻炼独立。还有的人说，很多有过在童年与妈妈分离经历的孩子成年后也过得很好、很成功。

是的，我们并不否认这些现象，只是当我们谈论这些现象时，不要轻易否认一个幼小的孩子在与妈妈分开时所有过的创伤与痛苦。同时，我们不能用一个孩子顽强的生命力或者他后来有能力和机缘去疗愈创伤来抵消一个妈妈应尽的责任，不能把二者混为一谈。

我本人在两岁的时候离开了父母，跟随姥姥到了乡下，从此往返于城乡之间，直到上小学。"我想你想得厉害，骑着车去看你，你扎着两个小辫儿，晒得黑黑的，看见我就一步步往后退。过了好久，才慢慢地蹭过来……"我妈妈在回忆这段往事的时候，还保留着当年我不能主动与她亲密的失望感觉，而我所感受到的却是一个两岁的小女孩在与妈妈分离之后的伤痛、渴望与恐惧。也许我妈妈至今不懂得这个安排对我的影响有多大，而我在经历许多艰难的探索之后终于明白，那些历久不衰的纯真渴望，那些无缘由的悲伤，那些人际关系中的挣扎与痛苦，都源自当初的那一场母女分离。

你可能接触过像我这样有过分离创伤的人，你大概看不出有什么异样。或者，你自己就是一个经历过早期分离的人，你会更倾向于在人前说"我挺好的"。这样的看法与说法是似是而非的。那些小时候有过分离创伤但长大后看上去很健康的人，并非真的没有受到过影响。你之所以看不出来，不是因为它不存在，很可能是你看不到或它被隐藏了，也有可能当事人已经转化或升华了这个经历。还有更多的有过这样经历的人，还在伤痛中，但并没有意识到是什么原因，以为是自己性格的问题，或者怪自己的命不够好。

童年有过分离经历的女性，在养育孩子的时候也会出现更多困扰。研究表明，与没有分离经历的妈妈们相比，她们很可能在孩子的喂食和睡眠方面遇到问题，与孩子的互动频率较低，即使同孩子在一起，她们抱孩子、凝视孩子、跟孩子说话的时间也比较少。在这方面，我个人是有体会的。我虽然努力地去做一个好妈妈，但是那种天然的与另外一个人亲密的能力却是不足的，我需要有意识地去与孩子互动。

谈论这些，并不希望给新妈妈带来过多的压力，更不希望让你感受到威胁，只是想善意地提醒，在一个孩子生命的早期，你的存在对他是至关重要的。跟妈妈在一起，是一个婴儿最基本的权利。孩子把生命交托给我们，这个砝码的分量真的很重。

注意你的"理性"和欲望

其实，我们完全可以把做妈妈理解成这是一个女性巨大的荣耀。想一想，对于一个婴儿，你是他的母亲，他绝对地需要你，没人能替代你，这是怎样一种荣耀啊！我们在婴儿对自己的需求里会体验到巨大的满足。

其实，妈妈也有要跟孩子在一起的需要，这一点常常被妈妈们忽视。

在刚刚生产的时候，妈妈会体验到从未有过的难以用语言描述的特别感觉，妈妈与婴儿仿佛是连体的，分开会痛。妈妈本能地想要跟孩子在一起，有时刻守护他、亲自养育他的内在渴望。

我还记得自己在孩子出生几个月的时候，有一次出门办事，忽然什么地方传来小孩的哭声，我下意识地扭头张望，心里想的竟然是自己的孩子在哭。我也曾经见过一个丢失了孩子的妈妈，她整个人仿佛被抽空了，那时候我就明白了，孩子是妈妈的命。对于妈妈来说，孩子无时无刻不在。

孩子完全是本能地需要妈妈，而妈妈会面临母性的本能与现实的冲突。她会面对很具体的情况，家庭的经济条件、个人的发展机会、对养育任务的恐惧、周围人七嘴八舌的意见，这些都会影响一个新妈妈要不要亲自去养育孩子的决定。

我们经常是在"理性"的情况下选择与孩子分离的。的确，有的时候我们真的很难。有了孩子，家庭开支增加了，如果又有一个人不能去上班挣钱，经济上就会捉襟见肘，很多家庭正是在这样的压力之下选择把孩子交给老人带。

年轻人也会受到欲望的牵引。当一对年轻夫妇说出各种理由来解释他们是不得不与孩子分开时，背后也有可能隐藏着逃避的想法。哪一个年轻人不想过飞扬的生活呢？哪一个女性不想保持光鲜亮丽的形象呢？谁不想在年轻的时候做出一番事业、有一番成就呢？有谁想把自己的青春放在孩子无限的需要与琐碎的家务中消磨掉呢？勇于承担责任，说起来轻松，可是要做到非常不易。

无论是出于经济上的无奈，还是自己想要过轻松的生活，在新妈妈放下自己养育孩子的权利与责任的那一刻，她基本上不会意识到自己会失去什么。针对这一点，心理学家早就提醒过，温尼科特就曾说："我们对妈妈这一角色多么缺乏理解啊！还以为把她的宝宝带走几周，再交还给她，好像她还能从关系断掉的地方接续起来似的，其实这是个很大的问题。"

妈妈通过哺育孩子释放她的母性能量，完成一个女性成为母亲的关键转折。妈妈们在放弃哺育的职责的时候，常常是混淆了作为妈妈的直觉、渴望与作为一个女性面对现实中生存压力的"理性"和对个人发展机会的欲求，她们往往用头脑的思考掩盖了直觉的声音，抑制了母性的本能。

在你反复地思考孩子要不要自己带这个问题的时候，你大概正在煎熬中，你的本能和直觉告诉你要自己带，而你的"理性"和欲望又说自己可以不用带，看某某，他们就把孩子送走了，不是很好吗？你最好不要朝着孩子可以由别人代为养育的方向去想问题并求证它，毕竟，你是孩子的妈妈，即使你不是孩子唯一的养育者，也是首选的对象，不到万不得已的时候，请不要放下你做妈妈的权利与责任。

相反，在享受养育孩子的过程中，你会体验到太多难以言说的幸福。孕育并哺育孩子，是上天给予女人的幸福权利，这一点，男人们只能羡慕。如果你有机会成为妈妈，却不去体验那么多细微的幸福感觉，那才是真的遗憾。

从一个人到两个人

成为妈妈，如同踏上一段漫长的旅程，在起程的时候，从哪儿出发，去到哪里，应该心中有数。让我们把视线从眼前拉开，看一看做妈妈要经历怎样一个过程。

我用一句话来概括做母亲这个过程，即从一个人到两个人。

在怀孕期间，孩子就是妈妈体内的一块肉，是妈妈的一部分。孩子一出生，就在身体上与妈妈分开了，成为两个人，可是这时候他还紧紧地依附妈妈，在心理上仍然与妈妈是一体的。后来，他慢慢长大，拥有了一些独立性，可以一点一点地拉开与妈妈的距离。直到有一天，他长大成人，成为一个跟妈妈完全平等的、独立的大人。

温尼科特这样描述这个过程："婴儿在子宫内意识到妈妈的呼吸，然后在子宫外意识到妈妈的呼吸，最后意识到自己的呼吸。"

作为妈妈，我们有两个任务，一个是生，一个是养。从另外一个角度说，我们给孩子一个生理意义上的身体，同时也给孩子以情感的支持。孩子从依赖到独立的过程正是妈妈从孕育孩子到将孩子抚养长大的过程，妈妈与孩子的关系是一个由融合到分离的渐进过程。

母亲与孩子的关系是一个由融合到分离的过程：

随着孩子的成长渐渐变化

我们不能用绝对的某一种姿态来决定如何做妈妈，因为妈妈这个角色有一个特殊的地方，即，它一直处于变动中，并不是一成不变的。

孩子出生后，并不能分清自己和妈妈谁是谁，而妈妈也会在孩子刚出生的一段时期里有着强烈的与孩子共生的感觉。"妈妈就是孩子，孩子就是妈妈，他们在同一个泡泡里"。妈妈在这时候应该满足孩子的需要，全身心地陪伴孩子，因为在这个时期的孩子对妈妈是绝对依赖的，这是孩子一生中最重要的一个时期，是他的生命开始扎根的时候。

随着孩子一天天长大，他能够接受与妈妈的短暂分离，甚至偶尔想要挣脱妈妈，尝试体验自己的存在。当孩子跟跄着跑开、想要去探索外面的世界时，妈妈要给他空间，让他可以跑开，但是他跑不远，他会回过头来望你，看看你在不在，这个时候你又要保证在他回头找你的时候你是在的，让他知道你没有从他的世界里消失。

后来，他真的可以离开你。他一个人去上幼儿园、上小学，他出去玩一整天才回来，他并不需要你时刻都守在他的身边，但是你依然是他一进家门就想要见到的人。

再后来，他上中学、上大学，距离一点点拉开，他一点点独立，你一点点放手。你们可以处在不同的空间，做着各自的事情，你注视着他的背影，看着他渐行渐远，直到他终于踏上属于他自己的人生之路……

退出并不是等到孩子长大成人后才突然发生的，它是随着孩子一天天长大逐渐实现的。妈妈就是在为孩子提供陪伴、保护、支持与让他自由、鼓励他独立之间不停地找平衡，去跟孩子的成长状态相匹配。

哪些时候需要在孩子身边，哪些时候需要退出呢？其中的关键是怎样做能够让孩子成长。好的做法是顺应自然规律并根据孩子自身的情况来进行。改变的过程最好是平滑的，不要过于突兀。通过数据调查，我们大概可以总结出一些规律，比如现在人们普遍接受三岁是孩子可以上幼儿园的年龄。但每个孩子都有自己的生长周期，妈妈与孩子的关系又不太相同，不能一概而论。

妈妈把握进退的最直接的依据其实就是与孩子的互动。比如，关于断奶的时间、孩子何时与大人分床和分房的时间，这些虽然有明确的标准，可是我们如果硬生生地按照标准去执行，实际上往往并不适用，还有可能伤到孩子。有的人说孩子五六岁的时候一定要与父母分开睡，我也曾尝试这样做，但没能成功。我记得我与孩子分开睡的第三天清晨，蒙眬中感觉到脚下有一个人，睁眼一看，是我的女儿。不知何时，她爬到我的床上，就那样远远地、幽怨地看着我。我感觉到她的不安和压抑，意识到她还尚未准备好。我决定不再让她独自睡在另一个房间。又过了一年，她自己试探着问："我能不能抱着娃娃一个人睡？"我知道，这次到时间了。一试，没有问题。这一次，我们成功了！

别把顺序搞反了

很多父母把顺序搞反了。他们以为，孩子小的时候父母不需要在身边，不用管，等到孩子长大了，学什么专业、做什么工作、找什么对象才是要紧的事。这个观念与孩子的成长规律正相反，在孩子最需要父母投入精力与情感、给予支持的时候，父母缺席了，在孩子想要独立自主的时候，他们又干涉过多。

一些看上去新潮的说法同样有影响。微信朋友圈里一度流传着"要孩子成为什么样的人，自己就成为什么样的人"的说法。有的妈妈在这样的思想鼓动下放下手中还是婴儿的孩子，去追逐自己的梦想。她们在这样做的时候，觉得不仅是为自己，更是给孩子做示范。

为孩子树立榜样，这很对，但是一定要放在具体的时间段里来看。对于一个婴幼儿，他最大的需要并不是妈妈的成功与自我实现，而是他能真实地感受到妈妈的存在。也许妈妈并不成功，没能成为理想的样子，但这并不妨碍妈妈在孩子心里的光辉形象。这个时期，再不成功的妈妈在孩子眼里都是强大的，只有妈妈不在身边才是他最大的恐惧。

还有的家庭，选择把两三岁的孩子送到寄宿学校去。他们说，就要让孩子从小锻炼，学会自立自强。自立自强固然是培养孩子的目标，但它是一个远期目标，并不是孩子在生命早期就急于要实现的。这样的分离与独立为时过早，如同让一株刚发芽的小苗去经历疾风骤雨，让一个尚不具备生存能力的人背井离乡。

相反的情况同样存在。有些妈妈把孩子喂到四五岁，还舍不得给孩子断奶；有的孩子明明会吃饭了，妈妈还是坚持要把饭喂到孩子嘴里……这样的妈妈其实是非常具有母爱的，可是在具体的行为上，到底是自己需要给出这份爱，还是孩子需要得到这份爱，妈妈们经常把二者混淆起来，她们有时把自己的需要给出当成了孩子需要得到。又或者，初为人母的感觉太好了，妈妈一直走不出这种感觉，持续地以对待小婴儿的方式去对待日益长大的孩子。

当妈妈的爱与孩子的发展不匹配，特别是当妈妈强行给予孩子关爱与照顾的时候，母爱就变成了一种限制。如果说那些让孩子过早独立的父母是在孩子没有准备好的时候把孩子强行推了出去，那么，这些用一成不变的甚至是停留在婴儿时期的方式爱孩子的父母则是在孩子应该出发的时候给他套上了爱的枷锁。

孩子终有一天会离开妈妈，而做妈妈的在孩子成长的每一天都在为这一天的到来做准备。相对于孩子，妈妈一开始要更多地发挥给予和照顾的特质，然后慢慢地就要更多地发挥果断与坚决的特质；妈妈一开始要放弃一些自我去服务孩子，之后又要从服务中抽离出来，回归自我。

心理学家科胡特说：母亲对孩子，要做到没有诱惑的深情，没有敌意的坚决。这与近一两年微信里曾广为流传的一段文字不谋而合："我钦佩一种父母，她们在孩子年幼时给予强烈的亲密，又在孩子长大后学会得体地退出，照顾和分离都是父母在孩子身上必须完成的任务。亲子关系不是一种恒久的占有，而是生命中一场深厚的缘分，我们既不能使孩子感到童年贫瘠，又不能让孩子觉得成年窒息。做父母，是一场心胸和智慧的远行。"深以为然。

我是不是一个好妈妈？

既然做妈妈是一件神圣又责任重大的事情，有哪个妈妈会不认真对待呢？或许正是如此，新妈妈总是感到战战兢兢，如履薄冰。

初为人母，很多东西都是现学现用，新妈妈们都会紧张。从吃母乳的频率到洗澡的水温，从要不要听音乐到如何做抚触，婴儿的每一件事似乎都是大事。在一个迫切地想要做个好妈妈的女性心里，任何的错误或者失败都是后果严重的。相比起来，生二胎的妈妈们就放松了许多，"头一个孩子看书养，第二个孩子当猪养"，她们笑着说。

内疚是这个时代的妈妈们普遍的感觉。在几十年前，在战争或者物质极端匮乏的年代，妈妈们带孩子的过程是粗糙的，她们首先要活命，或者忙于生计，无法给孩子精细的照顾，但是她们没有太多自责，因为在她们的心里，那是当时的条件决定的。

现在，人们有了更好的养育条件，也有更多的选择。但是，外部竞争也越来越多。同时，"孩子的问题都是父母的问题"，这样一些关于父母对于孩子的重要性的观念变得流行，妈妈总是被视为孩子问题的第一责任人，做妈妈变得不像过去那么轻松简单了。

媒体上时常可以看到各个方面都很棒的光彩照人的母亲形

象，每天你都可以在微信圈里看到各种告诉你如何做一个好母亲的文章。一段时间里，有人提倡做平和的妈妈，又一段时间，有人倡导做理性的妈妈，再过一段时间，又有人说，要做美丽的妈妈或者自信的妈妈……哪一种说法都有道理，但任何一种说法都可能成为枷锁，让你觉得自己是一个不平和的妈妈、一个不理性的妈妈、一个不美丽的妈妈、一个不自信的妈妈……你变得焦虑，觉得自己永远都达不到一个好妈妈的标准。

停止比较，看到自己的好

我们经常把别人列入好妈妈队伍，而把自己归到坏妈妈行列，这往往是自己在内心不停地做比较的结果。我们跟理想中的好妈妈比较，觉得自己做得很差；跟别人比较，又会看到别人做得多么好，而自己做得多么糟。有时候，我们好像在刻意地贬低自己，让自己处于一个失败妈妈的位置上，比如有的妈妈会问："为什么人家生的孩子那么漂亮，我生的孩子就这么丑？"

一位妈妈说，她终于放轻松了，原因是她看到另外一位她一直羡慕的妈妈原来没有她想象中那么好。"她的孩子会很多才艺，走到哪里都很突出，我觉得自己再怎么努力也做不到像她那么成功。可是有一天，我偶然看到她为一点儿小事就粗暴地训斥孩子，原来她也有不好的一面。"如果说这位妈妈通过偶然地发现了别人的不完美而释放了自己过度的压力，那么我们是否可以接受自己也是不完美的呢？是否可以通过有意识地减少比较来减轻自责呢？当然可以。为什么总是要把自己放在一个倾斜的天平上去受罚呢？做妈妈已经不易，我们不必再给自己施压，要学着公正和宽容地对待自己。

妈妈们很容易放大自己的责任。当一个妈妈说"我不是个好妈妈"的时候，语气里的内疚那么深，以至于你以为她犯下了天大的错，但往往并不是，她可能晚下班了，没能陪孩子做游戏，也可能只是没有学会给孩子做精致的早餐。妈妈们很容易因为一些没做到、没做好但并不是特别有影响的事情而自责不已。妈妈们大概是世界上最有责任心的一群人了，但她们也深受过度负责的困扰。

事实证明，过度的担忧与负责是大可不必的。

有一次，我的孩子要参加新年联欢会，粗心的我竟然忘了给她准备要跟小朋友一起分享的食物。活动结束，她说她从别的小朋友那里得到的食物不多。我想象着孩子没有食物可与人交换的场景，非常内疚。可是一进门，孩子把书包一倒，"哗"地从里面抖出来一堆零食，对我说："这是今天小朋友分享给我的，我舍不得吃，留给妈妈。"那一刻我的感受真的很复杂。我一方面感动于孩子对我的珍贵情感，另一方面也领悟到：孩子虽然因为我的粗心而经历了一些不好的感觉，但她远没有我想象得那么脆弱。

做妈妈就是一个不断犯错的过程，也许不到孩子长大的那一天，我们都不知道自己会犯下多少错误。当我们把注意力放在自己又有什么没做好的自我批判上，生活就会变得痛苦，要想让自己从中解脱出来，重要的一点就是接受不完美，并且不再把注意力总是放在缺憾上。

想一想自己作为妈妈是不是也有可取之处。找一张纸，列一列自己作为妈妈的优点和自己付出的努力，看看能不能列出一二十条。有人会感到为难，要说缺点，能列出一大堆，优点一时真想不出来几个。这正反映了你的思维习惯。你总是对自己要求很高，时时想着自己的不足，却看不到自己的好。现在是你改变对自己看法的时候了。你总有你的优点，现在，试着用积极的、欣赏的眼光来看自己作为妈妈做得好的地方，给自己一些肯定吧。

列一个自己作为妈妈的优势清单吧

原来优点那么多～

当孩子说你不是好妈妈时

妈妈们要面对的感到扎心的批评也会来自孩子。也许在你刚刚当上妈妈的时候，你还体会不到孩子对你指责与攻击时的感觉，但过不了多久，当孩子稍具能力，你就会有所体会。

"我讨厌我妈妈，她坏，因为她不给我买贴纸书。"我女儿跟她的小伙伴说，当时那个小朋友正拿着她妈妈刚给她买来的贴纸书向我的孩子炫耀。

我们都会迎来这样的时刻。在成人的世界里，有着一套好父母的标准，它基本上是以对孩子的成长有利为出发点的，而在孩子的世界里，是以是否满足他来确认父母是好的还是坏的，因为满足让他有好的感受，而被拒绝是痛苦的。我女儿在我给她买玩具的时候会主动上来献一个亲吻，在我拒绝她的时候会拿着魔法棒指着我说："我要把妈妈变丑。"在她的心里，那个曾经满足她的好妈妈瞬间变坏了，她甚至想要把这个妈妈破坏掉。

妈妈与孩子之间注定会有纠葛，因为妈妈与孩子看待好与坏的标准是不同的。我们大致可以看到四种情况。第一种是妈妈和孩子都认为是好妈妈。当妈妈给一个饥饿的孩子喂奶，妈妈和孩子都觉得这样是好的。第二种是妈妈认为是好的，但孩子认为是坏的。比如电视看多了会损伤视力，于是你不让孩子看，但孩子会不高兴。第三种是你满足孩子，孩子觉得你好，但你实际上却没有真正着想于他的长远利益。比如一个妈妈明明知道孩子不适宜长时间玩手机游戏，但还是让他持续地玩下去。第四种情况是妈妈和孩子双方都知道妈妈的行为是不好的，比如有的妈妈让孩子饿着，不允许孩子提出要求，打骂孩子。这样的妈妈在总体上数量并不多，但也是存在的。

与孩子的纠葛基本上都出现在第二和第三种情况中，妈妈们总会反复思量到底应该怎么对待孩子，又总是不停地自我检讨。这个东西买还是不买？这个课上还是不上？到底是这样对孩子好呢，还是那样？心里面好像有两个对立的小人在不停地纠缠打斗。

爱孩子的妈妈也很容易成为孩子的直接攻击对象，因为孩子在一个爱他的妈妈面前感觉是最安全的，他可以轻松地释放他的攻击性。我的孩子在跟我起冲突的时候会一只手紧紧地搂住我，另一只手却在推开我。后来我慢慢知道，她要搂住的是她心里的好妈妈，她要推开的是她心里的坏妈妈。孩子就是这样在他的妈妈一会儿是好妈妈一会儿又是坏妈妈的反复中长大，而妈妈也会在与孩子的纠缠中不断地产生自己是不是个好妈妈的自我怀疑，直到她慢慢地稳定下来，接受自己既是好的，又是坏的，既不是好的，也不是坏的，最终决定去做一个真实的、有血有肉的妈妈，而不是一个虚假的"完美妈妈"。

做个足够好的妈妈

如果我们不再追求做完美妈妈了，又该用什么样的标准来要求自己呢？心理学家科胡特提出了"足够好的妈妈"这一概念，就是说，妈妈们不需要做得完美，但是要做到满足孩子成长的需要。

什么是孩子成长中最需要的呢？有两个基本点。一是给孩子持续的爱的灌注。在这一点上，妈妈需要做的最重要的事就是保持对孩子需求的敏锐感觉，努力去适应孩子的需求并及时地积极回应他，比如孩子饿了要吃，妈妈及时地喂他了，这就是积极的回应。二是在孩子攻击妈妈的时候能够抱持住他。抱持，就是允许孩子去体验，去试错，在他摇摆的时候给他以支持。当他的攻击性出来的时候，让他的能量得到释放，恰当地引导他，而不是强迫他顺从。

我的孩子在三岁入园的第一天，在地上拣了一根几厘米长的细绳子玩，正玩得高兴，突然有人上来说那是他的，一下子抢走了。惊愕和愤怒之下，她大哭起来。我抱起她，试图安抚，但她变得更加愤怒，还把矛头指向了我。她在我的怀里踢来踢去，反复地说："坏妈妈……臭妈妈……"众目睽睽之下，我感到窘迫。可是还好，我没有扔下她不管，也没有训斥她，就这样尴尬地陪了她十多分钟，直到她平静下来。我清楚地记得她不哭了，执意要从我身上下来，后退到离我几步开外的地方，远远地仰头瞪着我，然后说："你是一个好妈妈。"

妈妈的抱持力，一部分是在有孩子之前就已经具备的，还有相当的一部分是在跟孩子相处的过程中发展出来的。孩子的情绪如六月的天气，忽晴忽雨，这是对妈妈持续的挑战，我们有的时候有耐心，有的时候也会生气，就是在与孩子的相处中，体验着，感受着，被孩子揉搓着，自我反省着，逐渐变得包容、忍耐，不论发生什么，都依然爱着自己的孩子。

当我们把注意力更多地聚焦在如何积极地回应，以及如何抱持住孩子，那么孩子就有机会慢慢地建立起自我并不断地整合，成为他自己。"足够好的妈妈"这个提法也让做妈妈的可以长长地松一口气，它帮助我们去除了很多外在的追逐，回到了孩子本身，去关注最基本、最重要的方面。同时，我们也有可能去照顾到自己，考虑自己是不是力所能及。

第二章

照顾孩子
与自我发展的冲突

在成为妈妈以后，女性会面临照顾孩子与自我发展的冲突。不论是职场妈妈，还是全职妈妈，她们都或多或少地面临着相似的课题：自我发展的停滞和倒退，价值感降低，没有属于自己的时间……女性内在两个角色的冲突会在当妈的头几年里持续地发生，找到两个自我角色的内在平衡是现代女性的共同课题。

做全职妈妈，还是职场妈妈？

一位妈妈说，她接触了很多新的教育理念，懂得陪伴孩子有多么重要。为了更好地照顾孩子，她辞职了。可是，在日复一日的操劳中她感觉丧失了自我，陪伴孩子对她是一种煎熬。另一位妈妈说，她看了一条微信，那上面说，妈妈要活成想让孩子未来成为的样子。她克服了对孩子的思念，毅然在职场上打拼，可是后来发现，孩子出现很多问题，她很心痛。

是照顾孩子还是发展自我，到底该如何选择？我们总是想鱼和熊掌兼得，放弃哪一样都会觉得是巨大的遗憾。可是我们只有一个身体、一个头脑、一颗心，如何投身在两项都重要的事情里？

社会对于女性也是双重要求。新妈妈既要养育孩子、照顾家人，还要和男人一样去挣钱养家、获取成功。"连孩子都没带好算什么好女人？""一个研究生，整天在家带孩子，书都白念了！"这样的声音不绝于耳。

女人的里面仿佛有两个自己，一个是作为母亲的、牺牲的、奉献的、顾全大局的自己，另一个是作为自己的，专注于发展成就自我的自己，这两部分会持续地打架。

跷跷板的平衡点

与其说这是选择做全职妈妈好还是做职场妈妈好的问题，不如说这更是关于如何看待自己与孩子的重要性的问题。

对于这个问题的处理，就像踩在跷跷板上，你如果踩在一头，它会翻，踩在另外一头，它也会翻。那是不是踩在中间就是最好的呢？这当然比偏于一头要好，但未必就是那个最好的平衡点，这取决于你的体重、下面支点的位置，甚至来一阵风都会

做妈妈就像练杂技一样，
要找到自我和孩子需求的平衡点。

看我表演～

抛球

自我

孩子

转碟

自我　　孩子

转呼拉圈

自我　　孩子

对你有所影响。还有，那下面的小滑轮是动着的，你也必须动起来，不能停在上面不动。

是不是觉得做妈妈像练杂技一样？嗯，这个过程确实需要我们结合自身和孩子的需要做出综合的判断和选择，学习平衡的技巧，直到找到那个平衡点，并且能够灵活地移动。

那怎么找到平衡点呢？

尊重自己的天性是基本前提。一位女性在做了两年全职妈妈以后感觉整个人的状态很不好，有一天她碰到一个老朋友。老朋友直言不讳地说："你根本不适合做全职主妇，你就不是那块料。"她听了豁然开朗。是啊，自己并不擅长处理家务，总是笨手笨脚的，相反，她做业务时倒是如鱼得水。于是，她出去找了份工作，干得风生水起。回到家里情绪也好了，跟孩子在一起时也有很多发自内心的快乐感觉涌出来。这位妈妈领悟到，虽然为孩子付出很值得，但不能因为有了孩子就放弃了自己。而且，一定要做适合自己的选择，做违背自己天性的选择结果会适得其反。

我发现一个有趣的现象，那些本来容易忽略自己的女性更容易选择放弃自己，去满足孩子和家庭对自己的需要，而那些有着强烈自我意识的女性，更容易选择放下孩子，去奔自己的前程。而且，人一旦做出决定，都能为此找到理由。一位职场妈妈回忆自己当初为什么放弃养育孩子而长期在外地工作的决定，那时她身居要职，年薪百万，不论怎么想事业都是她不能放弃的。在那时，她找到的理论都是支持妈妈优先发展的，诸如"最好的妈妈就是做最好的自己""好的教育就是给孩子树立榜样"之类的。后来,孩子跟她不亲,孤独自闭,这位妈妈才领悟到另一番道理,"孩子也是自己发展中的一部分,如果你根本不能跟孩子在一起,孩子感受不到妈妈的存在,还如何能影响他啊!"

我们应对自己原有的倾向性保持警惕,有意识地朝相反的方向去想一想,而不是顺着自己的惯性一直向前。那些习惯于在跷跷板上朝他人的方向踩的人,先别急着去牺牲自己,你可能需要朝着自己的方向挪一挪。也许你可以问问自己下面这些问题:我这一阶段的需要是什么?我除了要成为一个好妈妈,还有没有其他非常重要的事情要做?我如何可以在不伤害孩子的前提下去实现梦想?

而那些习惯于朝着自己的方向踩的人,先别急着踩上去,你可能需要有意识地朝孩子的方向移动。也许你可以问问自己下面这些问题:孩子的需要是什么?作为妈妈我能为他做的除了成就我自己,还有什么是非常重要的?什么是我一旦不去做,就会对孩子的成长造成长期负面影响的?如何确保孩子对妈妈的需要得到满足?我有没有为逃避养育孩子的责任寻找借口?

试试加权平均法

其实,全职妈妈也要活出自己,而不是成为孩子和家庭的牺牲品;职场妈妈也要把孩子照顾好,而不是牺牲掉孩子。真正重要的问题是，我们到底要什么。这个我们，既包括自己，也包括孩子，两个人都得考虑进去。你可以进一步问自己，我们各自的底线是什么。在这个底线之上就是你选择的自由了。

我有时会用数学中的加权平均法来帮助自己做选择，你不妨也试试。

还记得加权平均法吗？举个例子，一个学生，他的语文成绩是 90 分，数学成绩是 80 分，语文成绩的重要性占到 60%，而数学占 40%，那么这个学生的成绩按照加权平均法算下来就是 $90 \times 60\% + 80 \times 40\% = 86$ 分。

人生不是选择A还是B，而是A+B会变成什么样子。
试试用加权平均法来帮助自己做选择吧。

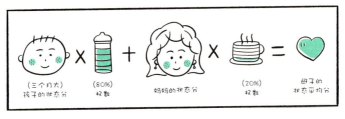

因为自己和孩子各有各的重要性，我们就用权数表明它。你可以赋予自己和孩子相应的权数，妈妈和孩子的权数相加是100%。这个权数怎么给呢？一般而言，在孩子刚出生的这段时期，孩子的权数是很大的，但你自己的权数不能为零。随着孩子长大，他的权数会相应地降下来，但不能降得太快，你的权数则要相应地增加。比如，一个妈妈认为，在孩子3个月大的时候，孩子的权数是80%，她的权数是20%；到孩子7岁的时候，孩子的权数为40%，她自己的则是60%。

举个例子，一个3岁孩子的妈妈，她给自己的权数是40%，给孩子的权数是60%。目前她的选择是上半天班，用半天时间陪孩子。在这样的情况下，她觉得自己状态的评分是60分，孩子的是80分。那么，母子得到的状态平均分是60×40%+80×60%=72分。

这是不是最好的选择呢？我们不知道。可以试试其他的选择会有什么样的得分。比如她找了一个薪水高但经常出差的全职工作，她自己的状态得分可能会变成80分，孩子的得分会变成40分，权数不变，那么母子的状态平均分是80×40%+40×60%=56分。两者比较，在目前的阶段选择半天工作比一个经常出差的工作要好。

当然，这都非常具有主观性。你也可以请旁观者分别对你和孩子的状态打分，赋予权数并计算，作为参考。

通过这个算法也许你可以领悟到，人生不是到底为自己还是

为孩子那么简单。或者说，人生不是选择 A 还是选择 B，而是
A+B 之后会变成什么样子。孩子与妈妈融入彼此的生命，是一
个整体。无论是牺牲掉自己还是牺牲掉孩子，人生之路只会越走
越窄。相反，从整体出发，不牺牲任何一方，互相成就，在过程
中灵活调整，就可能会获得人生选择的最大值。

来算算自己的状态平均分吧～

孩子 \ 妈妈	状态分 (0-100分)	权数 (比重%)	总分 (状态分×权数)	状态平均分 (A总分+B总分)
A				
B				

家庭与职场间的拉锯战

如果我们让职场妈妈来谈谈她的一天是如何度过的，她们大
概会说出非常类似的版本：

一清早，还没睡够就得爬起来，紧张地梳洗、做早餐，如果

孩子黏人，还要跟孩子玩一会儿，告别孩子出门，匆匆赶路。

上班期间要比没孩子之前多了一些忐忑，时不时会想想孩子怎么样了，偶尔偷偷看看孩子的照片，给孩子发段语音，又怕领导、同事觉得自己不如以前卖力，要努力去证明自己没有因为当妈了就耽误工作。

中午吃饭的时候用手机和孩子聊上几句，孩子总是问，妈妈你什么时候回来，听着心里酸酸的。

紧张工作一天，下班了就赶紧回家，遇到加班的时候心里就会很着急。

终于到家，已是身心俱疲，进门就去抱孩子，因为太想孩子了，还因为老人带了一天孩子了，要让老人休息。

有时还把工作带回家，一边陪孩子一边在电脑上敲敲打打。

孩子一会儿要讲故事，一会儿要骑大马，累了一天，真不想动了，就敷衍着孩子，有时还会对他发火，心里想着，等我闲下来了，一定好好陪你。

这一天一直没有到来，孩子却一天天长大了……

职场新妈妈经常是身在曹营心在汉，会在相当长的时间里感觉着身心被撕扯和分裂，仿佛左右两个手臂被分别绑上了缰绳，一头是工作，一头是孩子和家庭，缰绳分别向两个方向拉扯，忽而这边，忽而那边，被拉来扯去，好难受。有时真恨不得能生出三头六臂来，也好抵挡一阵。

小仪式帮你换角色

身在职场，职业角色要求女性精通业务、精明强干、坚决果断，而回到家中，母亲角色则要求女性善理家务、温柔贤惠、细致体贴。同一个人每天都要在两个差别比较大的角色里来回穿梭，这就像戏里一人饰两角，你要不停地穿脱不同的服装道具，进入不同的情境，还得入戏、唱好。好演员的特点是能分清角色的要求，快速入戏，投入其中，而一个新手则不能很快入戏，或者把两个角色演串了。初为人母，就像刚出道的演员，还不太适应一人饰两角，也不太能快速地切换，有时把工作中的紧张和压力带到了家里，有时又会把在家庭中的状态带到工作中。

实现这种在家庭与职场中不同的角色切换是需要学习的。好消息是，这是可以学会的。

你可以有意识地帮助自己完成角色的转换。比如，你是部门经理，上班时给下属安排任务，跟客户谈判，在下班回家路上，你可以跟自己讲，现在我已经不是经理了，进了家门，我就是妻子、妈妈。

你还可以跟自己说得更多一些，比如，我是一个怎样的妈妈呢？我当然不想做一个强势的、冷漠的妈妈。今天我最想让孩子感觉到什么呢？是放松、温暖，还是别的什么？我怎么能让他感觉到这些呢？你可以在脑海中先想象一下你和孩子在一起的场景，在哪里，你和孩子在做什么，你们说些什么，想象一下，在那样的场景中，你作为妈妈是怎样的感受，找到做妈妈的感觉。然后，你带着这个意愿和感觉回家。

通过一个内在的仪式，帮助自己将职业角色转换成你在家庭中的角色。

当然，你也可以在每天上班之前做相同的事，只不过是反着来。当作为部门经理的你离开家，关上家门的那一刻，就要把你的妈妈身份留在家里。你可以在上班路上告诉自己，现在我要上班了，我不再是妈妈，而是一个经理。问自己，我将用什么样的状态去工作呢？我将如何与我的同事沟通呢？先找到身在职场的感觉，然后再踏入公司的大门。

生个孩子傻三年？

新妈妈重新走上工作岗位，总会担心职位不保，晋升无望，对于周遭的眼光格外敏感，怕自己拖了团队的后腿，怕人说自己生了孩子就不上进了。可是妈妈们也难过地发现，别人的责备并非空穴来风，自己确实会在上班的时候惦记着孩子，无法做到像以前那样一心扑在工作上。妈妈们普遍反映，工作能力似乎一夜之间下降了。"生个孩子傻三年"，妈妈们重复这句话，说自己记忆力变差、总是丢三落四、反应迟钝，她们对于自己还能不能像过去那样胜任工作产生了怀疑。

其实，这是一种过渡状态，有人把它称为"产假后休克"。

我们出外旅游一趟回来，都需要一些时间去重新适应日常生活，那么生了孩子，经历了人生中那么大的变化，离开了工作岗位那么长的时间，当再次回来时，必然是需要一个过程去适应的。

你需要跟领导和同事做好沟通，向他们说明自己生孩子了，有些情况跟过去不一样了，需要重新调整自己的工作状态。也许你希望他们能理解你每天需要准时下班，也许你需要向领导解释，在多长时间以内你是不能出差的。但是你不要寄希望于别人同情你，并给你减少工作，你需要澄清你的工作意愿不是比别人干得少，而是在离开工作岗位一段时间以后要重新确认你可以继续做哪些工作，而哪些工作是需要调整的。你把这些问题表达得越清楚，别人就越能够理解，并帮助你协调。

很多新妈妈，在心里想着要跟过去一样努力，在接到任务的时候总是说"我可以，没问题"，但实际上，她又感到为难。这种挣扎的困境有时候是我们自己造成的，是我们不愿意面对当前自己正处在特殊阶段的事实，也羞于或不敢去请求他人的理解与支持。 位新妈妈在休完产假重回工作岗位的第一个星期，明显地感觉到自己的工作状态与之前的差异，再三犹豫之后，她跟上司深入地谈了一次话，坦率地说出了自己当前的尴尬处境和有心无力的感觉。让她意外的是，上司非但没有冷淡她，还跟她一起想办法，最终上司同意她从需要经常跑外的业务岗位调到了可以坐在办公室的后勤岗位，并承诺她可以不加班。

我们大可不必担心生完孩子后自己变傻了。那个传说中的

"生个孩子傻三年"，是指新妈妈在产后经历人生巨变，有点发蒙的应激状态。新妈妈产后要集中精力照顾孩子，注意力全在孩子身上，而对于其他的事情就很难聚焦，于是就会显得这个新妈妈的状态是恍惚的、涣散的。同时，新妈妈在生育后要处理的事务陡然增多，远远超过了过去所习惯的程度，这也会给新妈妈带来一种无能感。随着时间推移，新妈妈适应了新的生活，处理问题的能力日益提升，这个"傻"的阶段就自然过去了。

那些默默承受的委屈

有的时候，新妈妈还会面临更大的挑战。有一天，我接到了一个朋友的电话，她告诉我，她刚刚下班，已到小区门外，但是她在门口徘徊，不想走进去。她说这一天太不顺了，她被老板骂得很惨，感到职业面临危机。她不想带着难过的心情面对她还不满一岁的儿子。同时，她也害怕见到与她相处困难的婆婆，她不知道如果她流露出一点想辞职的想法是否会招来一场家庭风暴。我只听到了她的声音，看不到她的脸，但是我能感觉到她在默默地哭泣。

有多少职场妈妈像她一样，一边顽强坚韧地生活着，一边悄悄地吞咽着泪水。

我们不得不面对的一个现实是，女性在生育期间会面临职场困境。很多用人单位倾向于招聘男性员工，其中一个重要的理由是女人生孩子会耽误工作。也有的企事业单位，在女员工生了孩子之后，会降低她们的职位或者待遇。有一个新妈妈在生完孩子以后还没来得及充分体验做母亲的喜悦，就迅速地因为一个坏消息陷入了抑郁，那是在生产后的第七天，她得知自己从中层管理者被降为基层员工。

说起这些，新妈妈会有很多的委屈与抱怨、自卑与自责，可是这些又有谁能理解呢？领导看重的是你在工作上能有什么贡献，他不必一定要去理解你作为一个母亲的难处，家人需要你尽到母职，也很难想象你在外面经历了怎样的风雨。

虽然艰难，妈妈们却也一路哭着笑着走过来了。接受现实令这些妈妈们平复心情、重新出发。那个曾因被降职而感到抑郁的妈妈半年后重新回到单位，接受了比过去低好几个级别的职位。"虽然职位低了，挣得也少了，可是我的压力也小，就能把心思更多地花在孩子身上，有利有弊吧。"她笑着说，她已经消化了她所承受的不公待遇，并把这种失去变成了新的优势。三年后，当我再次见到她，她的孩子已经上幼儿园了，而她自己也再一次升到了一个比较重要的位置上。面对这样的女性，我总是深深地赞叹，如果挫折不能击垮一个女人，那么它一定会带来另外一些东西，在这个妈妈身上，我看到的是豁达与坚韧。

别忘了爱惜你自己

职场妈妈的注意力基本上都在如何保住和干好工作，如何养育、教育好孩子，但是她们常常忽略了一个重要的事——照顾自己。

在一次讲座上，一位看上去十分疲惫的妈妈站起来问："我自己开了一家店，既要照料生意，又要管孩子，没有老人帮我，也不想请保姆。我每天累极了，又总觉得自己做得不够好。我如何才能做得更好？"

这样的问题很难回答。人的一天只有 24 小时，多一秒也没有，人在一天可以消耗的精力也就那么多，再消耗就会生病。可是妈妈们常常在有限的时间里消耗了太多精力，如果她们不愿意求助，还想把事情做到好上加好，遇到这种情况我会忍不住想问，你的身体还好吗？你的丈夫在哪里？你什么时候能让自己放松？

当你把所有的责任都揽在自己身上，而完全忘记了自己，虽然你坚强和勇敢，但这是危险的。你需要考虑自己的承受能力，你需要首先爱惜自己，照顾好自己，因为只有这样，你才能更好地爱孩子、爱家人，才能更好地胜任工作，你是一切的前提。

那位自己一个人打理着生意又带着孩子的妈妈，她能做的更好的选择不是继续做加法，而是适时地做减法。当我们能够允许自己休息，我们就有了更多的精力和更好的情绪状态去面对孩子和工作。这个账虽然并不难算，但是妈妈们经常不去算，而是本能地把自己无限地奉献出去，可是往往她们不仅牺牲了自己，也会牺牲孩子、影响工作，毕竟，一个身心疲惫的妈妈总不如一个精力充沛的妈妈带出的孩子更有活力，一个总是感觉焦头烂额的人的工作效率和业绩也不会太好。

妈妈们需要直面的一个现实是，过去只有做好工作这一件事，自己容易得高分，现在有了工作和带孩子两件事，要再得高分就变得不容易了。有的时候，我们为了得到一个理想的总分，可能会做一些让步。这有点类似于球场上的战略战术，在 A 项上的得分高，但在 B 项的得分低了，那么总分也不会理想。如果 A 和 B 都要得高分，那么你要考虑这是否超出了你能承受的极限。妈妈们固然有着很强的上进心，但同时也是现实的，她们都能看清自己的极限在哪里，把期待放到一个合适的水平上，并做出相应的调整。

除了学会做减法，你还可以更多地善待自己。允许自己被帮助，当没有援手的时候，学习去求援；花一些心思在自己身上，让自己放松，让心灵得到滋养，哪怕只有片刻；享受跟孩子一起玩耍的时光，而不是把带孩子当成任务；照顾自己的身体，当感觉疲惫或者不适的时候，不要强撑下去，及时地休息；吃有营养的食物、穿喜欢的衣服、去心情感觉舒适的地方；给自己学习和充电的机会，而不是一直消耗……你也可以创造一些适合自己的方法。一位妈妈说，她在持续地给予和付出之后感到自己被掏空了，后来她自创了一套早操：早晨对着太阳，感觉阳光的照耀，闭着眼睛，感受着爱的光芒洒在身上。随着一呼一吸，感觉爱的能量在身体里流动，然后轻轻地用双手抚摸自己身体的不同部位，从头到脚，每摸到一个部位就对这个部位说："谢谢你，我爱你……"

"我是不是变得没用了？"

职场妈妈忙着工作与带孩子，十分辛苦，全职妈妈会不会好一些呢？其实全职妈妈们也很苦恼，困扰她们的是离开了工作岗位以后的无价值感和自卑感。

大部分全职妈妈在生孩子以前是有工作的，有的还做得相当出色。离开工作岗位，虽然心里会舍不得，但是为了孩子，年轻的妈妈们选择告别职场，回归家庭。回到家里，每日面对的是孩子的吃喝拉撒、家庭生活的柴米油盐和鸡毛蒜皮，终日忙忙叨叨，没有升职、加薪，也没有奖杯、奖状，妈妈们体验到与孩子在一起的幸福，也感受到生命被日日消磨的痛苦，心里会想，自己是不是变得没用了，要被社会抛弃了？

在很多人的观念里，女人居家带孩子是天经地义的，做好是本分，谈不上什么贡献，做不好是失职，要负责任。新闻里说，一位新妈妈带着孩子跳楼，刺激她的一个直接原因是老公对她说，你不上班，连孩子也带不好。这位妈妈的做法虽然极端，但她的故事确实反映了那些因为带孩子而回归家庭的女性的尴尬处境。

在过去的几十年里，大家一直在说女人要顶半边天，女人要经济独立，社会评价体系看重一个人的经济功能和他在社会阶梯中所处的位置，生孩子不被认为是对社会有贡献的，也不被认为是个人的成就。

妈妈们其实也会小看自己，不能承认自己在家操持、养育孩子是有价值的、值得骄傲的事情。我至今都记得多年前看过一个谈话节目，那期节目的主题是"做全职妈妈好，还是做职场妈妈好"。节目组当时请了两队嘉宾，分别由四位美女妈妈组成，她们为维护自己一边的立场唇枪舌剑地展开论战。辩论的结果是没有哪一个选择是更好的，各有利弊。不过，我注意到一个细节，那几位职场妈妈发言时都扬着头，气势很强，而那几位全职妈妈虽然努力迎战，但都微微地低着头。也许全职妈妈们在辩论功夫上并没有输给职场妈妈，可是她们在内心其实是自卑的。在她们列出做全职妈妈的一系列优势的时候，也许她们的内心有另外一个声音在说，自己是不挣钱的，是没有身份和地位的，是不成功的……

原来你手持珍宝

其实，妈妈生养孩子、为孩子全心全意地付出，这本身就是对家庭和社会做出的一个非常大的贡献。设想一下，如果妈妈们都不去照顾孩子，国家和社会需要付出多少人力、物力去解决由此而带来的问题呢？那对人类又会是怎样的灾难？不必担心，妈妈们不会这样做。这正是妈妈们伟大的地方！

妈妈们对家庭和社会的贡献是无法用金钱来衡量的。大概正是因为不能用金钱来衡量，人们就忽略了它的价值，这就像我们手里有一个珍宝，却无法给它标价。

问题正是出在这里，妈妈们对家庭和社会的贡献虽然巨大，却说不明白。有的妈妈忍不住想算算账。"就算我是保姆，一个月也要几千块呢！再说，哪个保姆能像我这样尽心尽力？"这样的话当了妈的女人恐怕都在心里想过。一位妈妈说，她每个月给自己发工资，5000块，打到自己的银行卡上！"钱从哪儿来？"我好奇地问她。"我们把家当成公司一样，放一笔钱在账上，如果请保姆带孩子，要给人家工资吧，那我自己带，这个工资就算在我头上。"她说话的样子像是很解气，然后又有点不好意思，"嗨，不过是左手倒右手。"这位妈妈通过给自己发钱的方式感受到其价值所在。也许她发到自己手里的钱又用在了家里或者孩子身上，可是她觉得有尊严。

据说还真有人算了笔账，从怀孕到把孩子养到 12 岁的所有成本，按照市场的平均价格算下来，费用在百万元以上。我们不去谈论这笔账算得合不合理，不过，在用价格来标榜价值的今天，有人这么一算，也算是给女人们出了口气，一解"哑巴吃黄连"的郁闷。

放下委屈，走出自卑

大概妈妈们也都明白自己带孩子是有价值的，是对家庭和社会的巨大贡献，可是在现实中，当她们遭遇到否定和贬低时，不可能不感到委屈。"我一要求老公帮我带会儿孩子，他就说他上一天班了，累了，好像我在家带一天孩子不累似的。"还有的家里，丈夫非常直白地对妻子说："是我养着你和孩子呢。"这让妻子觉得她是吃闲饭的。更有甚者，丈夫不仅不给妻子认可，还要把妻子的自尊剥夺干净，那位说"你连个孩子都带不好"的丈夫，在他的眼里，带孩子是一件简单的事，而他的妻子无能到连这么简单的事也做不好。

面对这样的情况，有的女人选择吵架，有的女人选择回击。你不是说带孩子简单吗？好，你带，你带一天试试，你再带一个月试试，看你又怎么说？也有的女人选择暗自伤心，她们不能释放内在的愤怒与悲伤，转而攻击自己，变得抑郁，甚至真的认为自己就是一个无能无用的人。

别人一说你不上班，你立刻就自卑起来，是因为你的内在对此一定是有一些认同的。我们总是会看到一些享受亲子时光的妈妈们。她们要么是本来就很自信，自我价值感比较高，不太容易受到周围人眼光的影响；要么是像多数人一样也会自卑，但是能处理自己的自卑情绪。她们有一个共同点，即，并不认同别人的评价，而是把注意力放在正在拥有或未来可能拥有的东西上。

我记得我当初决定不上班而选择自由职业的时候，也曾感到困扰，我跟丈夫说："我不上班了，你可不要小瞧我呀！"丈夫说："哪里呀，你为了孩子和家庭才这样做，是很大的牺牲。"那一刻，我觉得很感动。可是没过多久，我就开始怀念以前在职场上风风火火的日子，会算计着自己的收入，想着要是出去做事，会是什么样子。支撑我度过怀疑与纠结的众多因素当中，有一个因素很关键，就是要把养孩子这件事放在一生里来看。如果你仅看这几年，就会觉得挺亏的，但把它放在一生里看，就觉得当下其实是在投资，现在这个阶段即使没有回收也是能承受的，是有希望的。

当然，我们仍然需要从外界获取认可，而不是任由别人贬低。有的家人非常体贴，比如在给孩子过生日的时候也给妈妈送上感谢和祝福，这时候做妈妈的也能从家人那里感受到尊重与爱戴，享受作为母亲的荣耀。如果你的家人没有这个意识，你也可以要求他们这样做。有的人建议，在家里设立关爱妈妈日，一个星期或一个月里有一天是专门让妈妈休息的，其他人来为妈妈服务，让妈妈感受到被尊崇的感觉。还有的家庭想到给妈妈颁发奖状的办法，他们自己制作奖章、奖状，还在上面郑重地写上字、盖上章，既有趣，又表达了认可，传递了感情，这些都是不错的主意。

除了孩子，你还拥有更多

全职妈妈还需要正视因为与职场拉开距离而导致的恐慌感。也许当你抱着孩子在街上与穿着光鲜的职场人士擦肩而过的时候，你的心头会掠过一丝酸涩，觉得他们是精英，而自己是边缘人；也许在家带孩子久了，你出门办事都会感到艰难，对于重新踏入职场更是心怀恐惧。一些妈妈长期受困于低价值感，又找不到证明自己的事情，于是把自己的价值绑定在孩子身上。我曾认识一个 6 岁女孩儿的妈妈，她不上班，孩子也不上学，她每日带着孩子逛公园、游名胜，参加各种儿童兴趣班和亲子聚会。她声称很忙、很快乐，一切都是为了给孩子一个快乐的童年。可是很明显，她看上去是空虚的，孩子也并非真正快乐。实际情况是这个妈妈已经脱离社会很久了，她变得恐惧、退缩，为了证明自己不是没用的，她在孩子应该离开她的时候还不撒手，"绑架"了她的女儿。

对于日益严重的空虚感、自卑与悼恐，妈妈们要保持相当的警惕。当我们为此感到痛苦时，会本能地想办法去寻找内心的平衡，这时候孩子特别容易成为我们无意识选择的体现自身价值的工具。表面上是爱，实际上这并非出于孩子对妈妈真正的需要，而是妈妈对孩子的一种操纵和控制，让孩子不能自由成长了。

妈妈们需要区分两种价值，一种是因满足孩子对自己的需要而产生的价值，另一种是在孩子不需要自己的时候，所能呈现的其他价值。很多女性把这两种价值完全等同起来，捆绑了两个人的人生。

一个女人，除了能够做好妈妈，她还可以拥有更多展现她价值的可能。有一些全职妈妈，在带孩子的过程中，无意识地开启了新生活的灵感，有的开始学插花，有的做起了烘焙，有的把家布置得像个艺术馆，过去在职场中没有得到发挥的一部分潜能得以发挥。也有的妈妈在从职场到家庭的转换过程中重新评估自己的定位，反而找到了过去一直在寻找的事业方向。一位新妈妈说，她刚做全职妈妈时很郁闷，但喜欢写作的她很快发现，在孩子睡着的时候是可以进行创作的。她这么干了，没过几年，竟然成了一名小有名气的编剧。还有一些新妈妈踊跃地加入了创业大潮，据说不少成功的儿童品牌是妈妈们经营起来的，她们因为关注自己的孩子，自然关注到更多的孩子，能非常敏锐地捕捉用户的需求，结果找到了一直梦想的淘金宝地。

没有属于自己的时间

如果你约一位新妈妈出来坐坐，被拒绝的可能性是很大的。为什么？因为妈妈们很忙，没时间。职场妈妈就不必说了，她们是最忙的。全职妈妈们会不会好一些呢？她们也一致声称，没时间，累死了。那些从事自由职业的妈妈们的情况如何呢？一位做自由撰稿人的妈妈说："所谓的自由职业者只是名字听上去好听，其实大部分时间都被孩子和各种杂事占据了。有时想，要是一个人多好啊，真恨不能出家去。"

男人们有时不理解，觉得就看看孩子，有那么累吗？还不是自己把时间浪费了！女人觉得男人真是不理解自己，纵使有一肚子的委屈，却也干瞪着眼说不出来、时间都去哪儿了？

把自己排在了最后

在追问时间都去哪儿了的时候，一位自由撰稿人妈妈有了一个重要发现——在时间的安排上，她把自己放在了最后！而且，一有什么事她就很容易放弃自己的计划！"孩子不能不管吧？老人生病了，我能推脱吗？做饭、洗衣服、擦地……每个人都要求我付出时间，光是满足他们我就已经忙不过来了。"她说这话的时候很无奈，又有隐隐的怨恨。

这很值得反思。在她的世界里，别人总是优先的，而自己并不重要，这可能与我们的传统有关。女性一直以来都在接受为孩子和家人牺牲奉献的教育，至于自己，总是要放在后面的，而孩子在小的时候对母亲的需要又是无时不在的。女人有很多个角色、很多种任务，容易投身在孩子、家庭、工作对自己无尽的需要中，却不能给自己保住一块自留地。

我在很长时间里也像这位妈妈一样，把时间分成了很多份，给这个一份，给那个一份，却常常没有自己的，我感受到被吞噬、挣扎的痛苦。后来我才知道，我不能总是为他人存在，而要为自己而活，至少不能失去自我，我又找回了生命的活力。

女性在生育后所经历的时间安排的困境，实际上反映的是一个女性在满足外界对自己的要求与满足自我的需要之间此消彼长的过程。我们基本上都会经历一个挣扎的过程，慢慢地学会既承担了家庭责任，又保有自己的时间和空间。至于方法，如果你持续地在这个方向上探索，你就会找到，比如请别人来帮忙，安排固定的时间让丈夫带孩子，每天早起两小时做自己喜欢的事，在自己的专属时间被侵扰的时候学会说不……

合理利用时间

有的时候我们真的很忙，但有的时候，我们其实是在空耗时间。比如不少全职妈妈花大量时间在网上购物，未必是真的需要买东西，可是在长期不工作的情况下，她们似乎在购物中找到了快乐和成就感，甚至沉迷其中。

有一段时间，我在应该打开电脑工作的时候总是去做一些并不重要的事情，网购、洗衣服、吃东西，然后工作任务又完不成，这让我很痛苦。后来我发现，其实我是在逃避去做那些更重要、更有意义的事，因为如果我做了，却没有成功，那就意味着我失败了。而如果我把时间花在一些琐碎的事上，以我在带孩子的名义，我就可以逃避失败。原来，带孩子是很好的借口，可以成为我们不能成功的最好理由。

看清这一点之后，我决定改变，去做自己真正想做的事，哪怕我失败了。比如我本来计划整理资料，可是迟迟不能开始，一再无意识地去翻看手机，在这个时候我就先停一下，问自己，我现在到底要做什么？基本上，我会放下手机，开始投入在自己应做的事情上。

一位妈妈做了实验，她把自己每天如何使用时间记录下来，就像有的人每天记下自己花了多少钱一样。一段时间下来，她发现确实有的时间用得好，而有的时间就浪费掉了，然后她根据这个记录，不再去做那些浪费时间的事情，这样就有更多的时间去做一些对自己更有意义的事情。

很多职场人士都学习过时间管理的四象限法，这个方法对于新妈妈同样是适用的。把自己要做的事情按照重要和紧急程度进行划分，分成四类：紧急又重要的、不紧急但重要的、紧急但不重要的、不紧急也不重要的。

以那位自由撰稿人妈妈为例，在她的第一象限里，紧急又重要的事情可能包括孩子生病、即将到期的稿件任务等，这类事情要马上做，努力做好；第二象限里不紧急但重要的事情，比如学习育儿知识、准备写作素材，在计划的时间内去执行；第三象

运用时间管理的四象限法，让自己不再瞎忙～

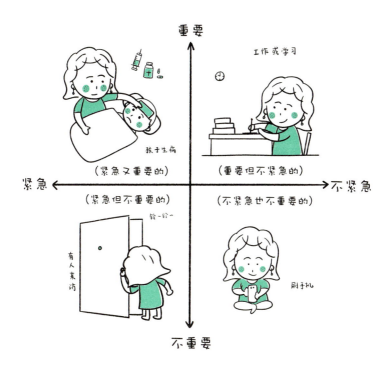

把80%的精力投入到重要但不紧急的工作中，
持续地发展自己。

限，紧急但不重要的，比如有人来访、接电话，可以推迟、不做或让别人代办；第四象限，不紧急也不重要的，比如看手机、说闲话，这类事情就可以不做。

写作这件事是属于这位妈妈重要但不紧急的事情，她却总是没有时间去做，那是因为它经常被第三象限紧急但不重要的，甚至是第四象限不紧急也不重要的事情挤掉了，直到最后变成了第一象限紧急又重要的事情。这位妈妈决定调整，后来她就有意识地不让自己在那些不紧急也不重要的事情上消耗太多时间。她还想办法让人来协助自己解决第三象限紧急但不重要的事情，又在第二象限重要但不紧急的事情上多投入了些时间，很快她就改变了过去那种时间总是不够用的窘境。这样做其实很符合管理学的原理，据说，高效的管理者会把80%的精力投入到重要但不紧急的工作中，这样的做法能够让人持续地发展自己，"急"事变少，人不再瞎忙。

化零为整，灵活调整

新妈妈要想利用好时间，得顺应这个时期的时间特点。在这个时期里，时间好像不归我们自己，人变得被动了，同时，时间是碎片化的，不像我们没有孩子的时候时间是成段的。

一些同时兼顾孩子与事业的妈妈使用的一个方法是设定时间限界。一位从事企业咨询工作的新妈妈给自己划订了时间，下午

4 点以前是做咨询，4 点以后就不再做任何跟工作有关的事，时间全部留给孩子。她会非常明确地跟孩子、家人和客户说清楚这一点。当然，她能这样做是因为她的孩子已经稍大一些。她通过划分时间段，把工作与带孩子做了区分，改变了那种随时准备应付孩子和工作两种状况、全天候忙碌的状态。

对于更多的全天候陪伴孩子的妈妈，想利用碎片化时间就要学会见缝插针了。你可以制订阶段性任务，但具体到某一天的某个时段做什么就得灵活变通。一位想学英语的妈妈要求自己三个月读完一本书，但是在一天里到底是用哪段时间来完成，她不跟自己较劲，可能昨天是利用上午时间读的，而今天是下午才有空。就是用这样的方法，她竟然一边带孩子一边完成了目标。

带孩子的事务庞杂，有很多是突发的，但仍然有很多事情可以规律化，可以找到简便的解决办法。比如早餐问题，很多妈妈每天都为孩子吃什么而发愁，计划吃什么，准备食材，制作，孩子吃，吃完收拾，整个流程走完就会感到很累。但如果我们做一个每日食谱，据此准备好食材，这样就节约了每天筹划和准备的时间，心态上也更从容。

妈妈们的时间安排也是随着孩子的成长而变化的。在孩子刚出生的时候，你要随时准备在孩子身边，但是其实孩子大部分时间是在睡觉，你就可以利用这个时间让自己休息，或者做自己想做的事。随着孩子长大，他睡得越来越少，需要你陪的时间变多了，你就要做出调整，什么时间是必须陪他的，什么时间是可以

时间手账，能帮我们发现浪费掉的时间～

Date . 11月1日 晴

volleyball～
tennis～

AM 6:00～7:00
边煮早餐边听英语学习音频，
掌握10个新单词。
元气满满～

AM 9:00～10:00
去公园散步遛娃，
行走17952步数。
带娃运动两不误～

AM 10:00～12:00
上某宝给娃买衣服，
货比三家！！
呃～逛了3小时
也没放1件衣服进购物车

PM 13:00～14:00
趁娃午睡，
给自己敷敷面膜，
美美哒～

娃睡觉后
开工，赶稿。
拼命三郎
就是我～

PM 22:00～24:00
刷抖音，
哈哈～
那个视频好好笑。
哎呀～一不小心，熬成熊猫眼T-T

由别人来陪的。总之，你要在孩子成长的每一个阶段找到自己可利用的时间。

最后补充说明一点，我们提供一些如何更好地利用时间的方法，并非是要你把自己搞得像个陀螺一样转个不停。相反，这些方法是让你更好地去管理生活，你永远都有权利让自己休息。有的时候，我们需要刻意地留出一些时间来，不去做任何事情，只是让自己放松。如果我们干完一件事又干一件事，淹没在数不胜数的事情里，没有了自己，这并不是我们想要的。我们管理时间，是要掌控生活，而不是给自己又套上一重枷锁。

第三章

应对
产后情绪风暴

新妈妈们在生完孩子以后挺长的一段时间里会有比平常更多的情绪，而且程度强烈，仿佛被一场持续的情绪风暴席卷了。

情绪的漩涡

"我也不知道怎么了，总是忍不住掉眼泪。"一位新妈妈说着就哭起来，眼泪里既有无助、伤心，又有恐惧、焦虑。做了妈妈的女人，普遍有超出以往的情绪体验：面对孩子的童真笑脸，感受到纯然的幸福；再过一会儿，想到自己的个人发展因为孩子而陷入停滞，又深感悲哀。新妈妈情绪的高涨与低落此起彼伏，有点像坐过山车，既刺激又快乐，有痛苦也有惊险。

在她情绪低落、难受的时候，会希望家人，特别是丈夫，能安慰自己。可是人们常常对此并不理解，他们可能会说："别想那么多了，有什么用啊？你就是心态不好！""女人都生孩子，怎么就你这么多事呢？"

人们这样说，是因为不了解女性产后情绪的变化。

女性生育后的情绪变化首先是生理变化的结果。孩子出生后，女性十月怀胎所调用的身体机能停了下来，这一生理变化会直接导致情绪的波动。

应对生理的变化已经是一件不小的事情了，其他方面的压力又扑面而来。孩子发育得全面不全面，奶水够不够吃，他生病了怎么办；家中可能增添了临时的帮手，家庭关系在变化，误解频生，矛盾不断；工作可能因为生育而暂停，或者发生意外的变动……其中任何一项变化都会对女性构成足够大的挑战和压力。我们平时换个工作还要适应一段时间，这回突然来了个全方位的大调整，女性怎能没有反应呢？

复杂多变的情绪反映了女性正在经历的震荡。生育后的女性经历的情绪种类之多，是远远超出日常水平的，而且各种情绪交替出现，在正负两极之间摆荡，情绪起落变化速度快、程度强。

产后情绪变化的五个阶段

女性产后情绪的波动大概会持续多久呢？不会从此就一直这样下去了吧？当然不会，当你适应了新的情况后，你越来越趋于平衡，也发展出了更多的能力，你会渐渐重归平静。只是这是一个并不短暂的过程，你还要慢慢去经历。

根据女性生育以后身心状态的变化，我们可以把女性在产后经历的过程分成五个阶段：混乱期、失落期、调整期、接受期和重生期。

第一阶段混乱期。在这个阶段，一方面女性本身要经历饮食、睡眠和身体恢复的挑战，另一方面，新添的孩子以及由他带来的各种事情接踵而至，工作和生活出现变动，这完全打破了过去的生活状态，让人一时处于混乱无序中。

第二个阶段失落期。在这个时期，女性深感任务繁多。她常常怀念过去简单轻松的生活，幻想脱离目前的这种不自由、被拖累的处境。她会有所失落，同时还要全力以赴地去照顾一个新生命。

第三个阶段调整期。在这个时期，女性开始努力适应和学习处理增多的家务和变得复杂的家庭关系，也基本上接受自己的生活中将一直有孩子的现实，尝试在做妈妈和其他的角色之间找到平衡。

第四个阶段接受期。此时女性学会了面对现实，担当起做妈妈的责任，也能主动去处理相关的家务和人际关系，心态渐趋平和。

第五个阶段重生期。到了这个阶段，女性已经能够完全肩负起生活的责任，得心应手地抚养孩子，同时照顾好自己。这时她情绪稳定，心胸开阔，变得更加有智慧。

新妈妈经历这五个阶段所用的时间长短是因人而异的，有些新妈妈很快就适应了，进入了接受期，而有些新妈妈很长时间后还是处于混乱与失落中。情绪的剧烈波动是前两个阶段的明显特点。不论新妈妈本人，还是周围的人，在这两个阶段里都应对新妈妈的情绪状况保持足够的敏感。而到了后面三个阶段，新妈妈的情绪会相对稳定，她拥有更多的力量，慢慢地不仅能够照顾好自己，还能把更多的爱带给他人。

1.混乱期

2.失落期

女性产后情绪变化的
五个阶段

3.调整期

5.重生期

4.接受期

情绪的积极意义

情绪可以帮助新妈妈迅速地建立起自己和孩子的保护圈。不知你是否注意到,在生孩子前几周,你会有一种想要把家整理好的冲动,你搞卫生、为孩子搭建各种设施,即使很累也不肯停歇,这被称为筑巢本能。将要做妈妈的女性像很多动物一样,会为即将到来的下一代营造一个安全舒适的环境。在孩子出生以后的一段时间里,女性也会有一些本能的表现,它更多地体现在对孩子的照顾与保护上。做了妈妈的女性有时非常强悍,她的反应可能过于激烈,甚至会突然暴怒;有时她又处于焦虑中,警觉地守护着宝宝的安全。

情绪也是警报器。如果你经常冲着孩子发火,变得爱抱怨,总是郁闷,这是重要的信号,说明有什么不对头了。可能你没有得到应有的尊重,也可能你的能量持续消耗,生命活力在降低,你的情绪在呼叫,请求你关注自己,重视自己,让自己得到休息和滋养。

情绪也是助推器。在旁人眼里,被情绪推动着行为处事的新妈妈变了,甚至她有些不可理喻。然而这是有意义的。当一个新妈妈为未来焦虑时,这种焦虑会推动她更好地未雨绸缪;当她对别人错误的养育方式感到愤怒时,她可以制止这种错误方式对孩子的伤害;当她对自己做得不够好感到内疚时,她就有了学习的动力,以更好地去完成做妈妈的使命。

和情绪在一起

当情绪汹涌而来的时候，人似乎被它压倒了，成了情绪的俘虏。可事实上，情绪完全可以为人服务，你可以去做情绪的主人。

如何能战胜情绪？如何能没有情绪？经常有人问这一类问题。可是，你知道吗？如果我们把情绪当成敌人，急于去打败它，就会导致情绪问题不能得到真正有效的解决，甚至还会更加恶化。

在有情绪的时候，大家习惯的做法有两种，一种是忍耐、控制，你可能强压住怒火，告诉自己不能发脾气，要表现得冷静；另一种是转移、逃避，你可能去购物、看电影、喝酒，告诉自己过一会儿就没事了。

可是这些都不是真正解决问题的办法，你忽略了情绪发出的邀请，没有正视它。作为情绪的主人，你要能够倾听情绪，听一听它带来了怎样的信息。

一位新妈妈跟我分享她在处理情绪时的偶然发现。她说，她积累了很多负面情绪，时常发脾气，结果导致丈夫反过来指责她。后来她就不再表达了，当情绪来的时候就赶紧去做别的事情，把情绪压下去。有一天，她再也忍不住了，对丈夫和孩子说，你们出去，给我五分钟，我要自己哭一会儿。只有五分钟，竟然发生了奇迹！随着泪水流出来，她变得非常轻松，她说那是她从来没有过的感觉。

　　这位妈妈经历了人们在处理情绪问题时的误区——压抑情绪，然后她偶然地发现了处理情绪问题的秘诀——和情绪在一起。

　　有些人不明白如何才能和情绪在一起。其实很简单，当你有情绪的时候，把注意力放到你的感受上，就像那位妈妈那样，跟自己的情绪待一会儿。

　　跟情绪在一起，不要急于行动，也不要总想这是为什么，而是关注情绪、陪伴情绪、倾听情绪。

　　当你跟情绪在一起的时候，身体其实是有感受的，比如你愤怒时会感到胸口就像有火在燃烧，你委屈时会觉得胃不舒服。这时，就把注意力放在相应的身体部位，去关注那里的感受。不需要做任何思考，只是去感受。

　　如果你能够专注于此，从头脑的思考真正回到身体的感受，如果不是特别严重和复杂的情绪问题，通常只需要几分钟的时间，情绪能量就会得到释放，你将重归平和。

转换情绪

　　有时候，我们需要从一种情绪转换到另一种情绪。幸运的是，我们拥有这种能力。

　　在我参与学习的一次课堂上，导师引导学员做短暂的放松，进入内在，关注自己的情绪感受。他让我们回想一个悲伤时刻，花一点时间敞开面对那种悲伤的感觉……然后，回想一个开心时刻，花一点时间敞开面对那种开心的感觉……然后，回想一个感到自豪和自信的时刻，花一点时间敞开面对那种自信的感觉……我们惊讶地发现，每个人都可以自由地出入任何一种情绪状态。

导师问："从一种感受转移到另一种感受困难吗？大概需要多长时间？是谁在掌管这一切？"我们几乎同时觉悟到，原来，人的感受和情绪是可以选择的。

人有各种情绪，这就如同有不同的房间，有的房间里流动的空气是愤怒，有的是悲伤，有的则可能是平和或喜悦。你有权利选择出入不同的房间。我们有的时候不由自主地进入了一个悲伤的房间，但是如果你愿意，其实你可以走出这个房间，去到另外一个平和的房间。去到哪个房间，其实是你的选择。

记得我在怀孕的时候有几次心情不好。如果是平常，我会被这种情绪淹没一阵子，煎熬着等待它过去。可是由于在孕期，我格外关注情绪对胎儿的影响，就想要尽快脱离负面情绪，进入正面情绪。奇迹竟然发生了！我的心境很快地转为平和。

原来，人真的可以通过主观努力成功且快速地摆脱坏心情，甚至就在一瞬间！

当我跟别人说起这个经验的时候，他们都会好奇，到底是怎么转换的，到底是什么力量在推动？我仔细回想，这个过程并没有什么奇特的，没有什么特殊的仪式，它发生得非常自然。不过我承认，自己的里面确实有一种力量是以前没有的。我反复琢磨，那是意志力吗？是理性吗？后来我想，它更是强大的意愿所产生的一种无形的力量，是那种想要给孩子以安全、给孩子所有美好东西的愿望所产生的力量，让我们把自己调整到一种对孩子最好的状态。我们可以选择处在坏情绪中，烦恼、愤怒、失望、沮丧，也可以选择待在好情绪里，接纳、平和、满足、感恩。为了孩子，我努力要有好心情，它竟然真的发生了！

感恩

脱离负面情绪的另一个积极有效的策略是停止负面思维，去感恩。这个办法我屡试不爽，你也可以试试。

举个例子。有一段时间我在家陪孩子，每日盼丈夫下班回来，但他进门的第一句话常常是批评性的语言，诸如我没有把扔在地上的玩具收好，孩子在床上蹦跳把床垫弄歪了之类的话。我一度感到愤怒和委屈，甚至想，我怎么跟这样的男人生活在一起啊！这样的情况多了，我渐渐学会观察自己的情绪，那个忙碌的我在期待来自爱人的肯定，可是我不但没有得到，还被他否定了，于是我生气，觉得他这个人很糟糕。后来，我学会了不再这么去想，有意识地让自己去想一想他的优点。我想到，他时常在我忙到忘记关心自己的时候递给我两颗维生素，他总是在周末把食物采买回来，他曾在我的父亲生病、我一个人无助地哭泣的时候，突然出现在我身后，对我说："还有我呢！"……他说玩具没有放好、床垫歪了，这些都是事实，他从小被父亲要求做事有条理，一进门看到环境差，习惯性地给一句评价也算正常，是我放大了对他的情绪，想法也变得极端了。当我这样想的时候，就不再把他归类为差劲的人，愤怒也就降低了。

这并非是把坏的说成好的，而是当我们在负面思维的路上狂奔的时候要适时地停下来，去看事物积极的一面，这使我们不至于变得极端，不至于长时间地停留在受伤的状态里。

有的时候，我们被琐事缠绕，心情极度糟糕，这时候，可以停下来，不再去想那些烦恼的事情，然后专注在当下一刻。环顾四周，看一看自己所拥有的：房子——它也许不豪华，但它能遮风挡雨；家人——也许也曾让人烦恼，但他们总在关心、支持自己；食物——也许不够美味，但它在提供源源不断的能量；衣服——也许不华丽，但它让人温暖。这一切都让人可以安好地活在这世上。当然，还有孩子——那个带给人很多压力的小家伙，也带来了无限的欢乐和希望。看到这一切，知道自己其实拥有很多，也是一个幸运的人，那么，感恩吧！

放松冥想

我们的内在有着无限丰富的资源，但是这并不意味着我们可以像采矿一样一直不断地挖掘。

留出一点时间来照顾自己，让自己得到放松和滋养，这是必要的，哪怕一天中只有那么十几分钟是专门属于自己的，也会让我们回归内在，重新找回平衡。

每个人照料自己内在的方法不一样，有的人通过听音乐来回归宁静，有的人通过画画找到自在的感觉，有的人通过运动释放并更新能量，有的人只是一个人待着，和自己对话……不论用什么方式，你的目的是跟自己待一会儿，让自己耗散的精神得以聚拢，和自己的身体、情绪、心灵重新连接上，回归自我的中心。

有一种简单实用的方法是冥想，它能很快帮助我们放松身心。研究显示，冥想对于人的身体健康、情绪稳定、思维平衡都有积极的作用。

下面提供两个容易操作的冥想练习。你可以选择一个安静的无人打扰的环境，用 5 ~ 15 分钟的时间来做冥想。

练习一：全身扫描式放松冥想

找一个安静又舒适的地方坐下来，闭上眼睛，深呼吸，放松，进入内在。感觉自己的身体，告诉它，现在你可以放松了。在你吸气的时候，吸入新鲜的空气，在你呼气的时候，呼出你的紧张与压力。

扫码听冥想音频

感觉自己的双脚，踏实地踩在地板上，仿佛生了根，扎到土壤里。感觉你的脚趾、脚背、脚踝，它们全都放松下来。然后注意力向上移，感觉你的小腿、膝盖、大腿、臀部，它们都放松了。

现在感觉自己的腹部、胃部、胸腔，还有腰部，以及整个后背，这些部位和里面的器官都一一地放松下来。

感觉自己的双肩、两臂、双手以及十个手指头，也都完全地放松了。

现在，把注意力移到脖子，让它放松下来。再往上移，你的下巴、脸颊、嘴巴、鼻子、眼睛、眉毛、额头、耳朵，都放松了。还有，你的整个头颅，以及每一根头发，它们全都放松下来了。

均匀地呼吸，只是感受自己的存在，在这样放松的感觉中待上一会儿。

再一次深深地呼吸，呼出压力，吸入新的能量。在你觉得可以的时候，慢慢地睁开眼睛。

练习二：融入大自然的冥想

安静地坐好或者躺下来，闭上眼睛，全身放松。想象自己来到一片美丽的草地，双脚轻轻地踏上草地，感受脚踩在草上的感觉。深深地呼吸，把草地上清新的空气吸入自己的体内，然后再缓缓地呼出去，随着呼气，把疲劳与压力都释放掉。

你在这草地上慢慢地走着，感受着温暖的阳光，听到小鸟的鸣叫，不远处还有小溪流动的声音，很轻，很缓。

你可以找一个地方坐下来，如果你喜欢，也可以躺下来，用你的身体去和这草地亲密接触，让自己融入这自然中，感受自己就是自然的一部分，与这草地一同存在，一同呼吸，一同感受阳光。

大地在你的身体之下，感受它的能量。吸气的时候，吸入这些能量，让它流经你的身体。

天空在你之上，在阳光温暖的照耀中舒展身体，吸入温暖的光，让它滋养身体的每一个细胞。

呼吸……感受……

在你觉得可以的时候，轻轻睁开眼睛，回到当下。

我有产后抑郁症吗？

这几年，新闻里关于产后抑郁的报道多了起来，这一方面引起了人们对女性生育期间心理健康的关注，另一方面也引发了新妈妈的紧张。

产后是不是一定会抑郁？如何来判断自己是不是患上了产后抑郁症呢？

女性在产后出现情绪波动，这几乎是必然的现象。抑郁是一种复合情绪体验，其中包含着多种情绪，焦虑、害怕、无助、悲伤、愤怒、烦闷、担忧、委屈、急躁、恐慌、后悔、孤独……它们互相作用，形成抑郁的感受。女性产后出现抑郁情绪，有时连续多天处于抑郁状态里，这都是有可能的，但不一定是患上了产后抑郁症。

产后抑郁症会有一些典型的表现，比如：在情绪上，感到心情压抑、郁闷，常因小事大发脾气，容易流泪哭泣；在思维方面，经常会感到脑子反应迟钝，思考问题困难，遇事老往坏处想，对生活失去信心，自认为前途暗淡，毫无希望，感到生活没有意义，严重时有自杀的念头；在身体方面，会有困倦、失眠、头痛、身痛、头昏、眼花、耳鸣等症状。

产后抑郁，不是女人要小脾气

产后抑郁是怎么发生的呢？目前大家比较公认的说法是，它是由激素变化导致的。为了完成妊娠和分娩，孕期里女性体内雌激素、黄体酮、皮质醇都会不同程度地增高。随着孩子出生，这些激素迅速下降，造成内分泌发生"断崖式"变化，从而导致产妇感觉抑郁。

不过，仅仅把产后抑郁当成激素变化的结果，这种看法是有局限的。过多强调激素原因会让人忽略了其他方面的影响，甚至有可能，人们以为这就是产妇自身的问题，觉得对那些经历产后抑郁的女性根本提供不了什么帮助。

可是，像其他的抑郁症一样，产后抑郁症的发生既有内因又有外因，这与当事人的性格、经历、所处的环境、如何被对待都脱不了关系。

从个人的角度看，产后抑郁与两种对比差距有关，一种是内在力量与外在压力之差，一种是内在期待与外部满足之差。女性在生育的过程中能量消耗比较大，产后能量降低，压力却陡然增大，在这种情况下，如果内在力量不足以抵御外部增长的压力，女性则会不堪重负，甚至被压垮。另一方面，女性在孕育生产过程中会提高自己对被关爱、保护和帮助的期待，如果没有得到相应的满足，则会处于失落中，这也容易导致抑郁的发生。

同时，我们也要把产后抑郁放在家庭甚至社会系统当中来看。一个产后抑郁的女性身后往往有一个抑郁的家庭环境或一系列的事件推动她陷入抑郁。

一位被医院诊断为产后抑郁的新妈妈说，自从结婚以后婆婆就告诉她，一定要生出一个男孩儿来。可是，她连续几年都没有怀孕，这让她感到羞愧。后来她怀孕了，可是她每天都在担忧能否保住这个孩子，怀的到底是不是男孩，如果不是又该怎么办。在做剖宫产时，她感到濒死的恐惧。从那以后，她成了一个抑郁症患者。她清楚地知道，生育不过是一个诱因，而抑郁的真正原因是她作为一个承担着传宗接代任务的女性在一个重男轻女的家庭里长期累积的心理压力。

产后抑郁症患者经常面临比其他女性更复杂或更恶劣的环境，特别是家庭环境。有的女性生产后得不到应有的关心，还可能经历一些意外事件的刺激，有的女性在生育前后经历了失业、丧亲、婚姻危机等事件的打击，加上操劳家庭事务的，就更易于陷入抑郁。一位被诊断患有产后抑郁症的新妈妈向我讲述了她的经历。她在生完孩子回家的第一天婆婆就离家出走，紧接着，自己的妈妈来照顾她坐月子，每天数落她的不是，结果不欢而散。后来，她一个人带孩子累到支撑不住，想和孩子投奔娘家，结果遭到了丈夫的强烈反对，于是她被迫带着孩子去到丈夫的老家，与她并不熟悉的公公生活在一起……这位新妈妈在生完孩子的几个月里所经历的其中任何一件事都足以让人郁闷，而所有的事情叠加起来，放在一个刚刚生完孩子、期待着别人来关爱她的女性身上，她得产后抑郁症就非常容易理解了。

产后抑郁是一种痛苦的体验，恐怕只有亲历者才能深深懂得，绝非是一些人所理解的女性意志薄弱、过于娇气、耍小脾气。

以开放的心态面对抑郁

很多新妈妈出现产后抑郁症状的时候，不能接受这个事实，不想去面对它，而是倾向于躲在黑暗的角落里，害怕别人异样的眼神，希望症状有一天自动消失，又暗自担心会不会失控。家人也往往采取类似的态度，希望新妈妈默默忍受。"我每天在家里不出来，家里人也不让我出去，他们怕别人看见我不开心的样子问这问那的。"

逃避的处理方式显然不符合一个产后抑郁患者的需要，弄不好还会耽误治疗，造成危机。此时，无论当事人还是家人，最好不要压抑自己和被动等待，而是开放地面对正在发生的情况。

你需要掌握一些基本的宣泄情绪的方法，并清楚地知道在你陷入情绪危机的时候有什么人和什么渠道可以帮助你。当情绪接近失控的时候，你可以做的最简单的事情是深呼吸，深深地吸气，然后慢慢地呼气，把注意力完全放在呼吸上，你也可以数着自己的呼吸，1、2、3……当你稍微平静一点，你可以用一些常规的方式来宣泄情绪，比如，把你的情绪和感受画出来，把你的痛苦写到纸上，拿到安全的地方烧掉或者埋掉……一位来访者说她在把椰子摔在地上的时候感觉非常舒服，后来摔椰子就成了她发泄情绪的常用方法。另一位来访者会刻橡皮章，她把所受的委屈总结成几个字或一句话，刻在橡皮上，然后再把这些橡皮章丢进熔化炉里。"看着橡皮一点点化了，似乎堵在心里的不痛快也消失了。"

你还需要补充能量，在温暖的阳光下坐着，只是懒懒地晒晒太阳；在花园中行走，让自己融入自然，呼吸清新的空气……你需要列出一些人，他们是你陷入抑郁甚至危机的时候可以紧急求助的对象，比如你的母亲或者姐妹、你的闺蜜，还有心理咨询师。

现在，在产后抑郁症患者日益增多的情况下，人们依然对心理治疗存在某种芥蒂。一些抑郁的新妈妈一面痛苦着，一面告诉自己，我不去做心理咨询，我要靠我自己，我能走出来。她们以为接受治疗就说明自己真的有问题了，不接受治疗就还有没问题的可能，或者她们想，让别人来帮助自己解决问题是弱者的表现，自己一个人战胜痛苦才是强大的。确实，我们首先是要使用自己的内在力量进行自救，即便我们去做咨询和治疗，咨询师和医生也会告诉你，关键在于你自己。但是，专业人士的支持是必要的，他们客观中立的视角、处理情绪或关系等方面问题的专业技能，是个人和非专业人士所力不能及的。而且，必要的时候还需服用由有专业资质的医生开出的药物。

在此期间，家人最好做到接纳新妈妈的情绪，陪伴她、倾听她，多表达尊重和欣赏，不跟她做无谓的争辩，不给她以心理压力，营造一个温暖有爱的环境。家人要密切关注新妈妈的状况，不激惹她。如果她提到伤害自己或孩子，说"没有我你们会过得更好"之类的话，这是危机的信号，家人应该立刻请求专业人士的帮助，进行危机干预，不要低估或不相信她说的话。

在心理咨询和治疗过程中，家人的参与也有非常重要的意义。如果新妈妈患上了产后抑郁症，最好有得力的人帮忙带孩子，这样可以减轻新妈妈的负担，让她有更多的空间去修复自己。但要避免以新妈妈的抑郁为借口而刻意减少甚至阻止母婴互动，那样有可能造成母婴分离的创伤，也会给新妈妈带来更多的心理问题。只有患有非常严重的精神疾病的妈妈是不能照看孩子的，因为她们不能回应孩子，如果孩子长期看到妈妈冰冷的表情，也会变得抑郁了。

抑郁也是契机

我们完全可以用积极的眼光来看待产后的情绪变化和产后抑郁的发生。人生中真正的成长都是伴随着痛苦的，抑郁正是我们向内探索自己、深度整合自我的过程性体验。

产后，我们曾经的创伤体验比平常更容易被激发出来。"得了抑郁症以后，以前好多忘掉的事都想起来了。"一位妈妈说，尽管她为此感到痛苦，但是她也承认，终于有机会重新去面对那些伤心往事，既痛苦，也有惊喜。

前面提到的那位长期承受生男孩压力的新妈妈在治愈抑郁症之后分享了她的感悟。她说："过去一直把自己看得很低，总是想要得到别人的认可，觉得生不出男孩就没有资格在那个家待下去。后来逐渐懂得了，不能拿生育来评价一个女人，那对女人是不公平的。就算别人拿你当工具，你不这样看待自己，就没有人能伤害你。"经由一次抑郁症的治疗，她从过去总是害怕不能为夫家传宗接代的恐慌里走了出来，开始扭转自己的人生。

抑郁也是调整家庭关系的契机。家庭成员可以把治疗产后抑郁当作整个家庭共同解决的问题，把它当作共同建设一个有爱有序的家的机会。一位新妈妈说，她以前总是给老公服务，做饭、端茶、打洗脚水，她抑郁以后，老公会主动来关心她，为她服务。"他第一次给我切水果的时候，我感觉身体里好像有一股暖流。"这位新妈妈从耗竭的、总是为他人服务的过于压低自己的位置上解放出来，她不再仅仅是一个付出者，也是一个接受者。在这个家庭里，过去一直习惯的能量是单向流动现在变成了双向流动，整个家庭的气氛也改变了。在这个家庭里，抑郁症像一位使者，它邀请家人看到家庭中能量的不平衡，促使他们及时调整，让家庭朝着幸福的方向去。

附一：美国精神病学在《精神疾病的诊断与统计》中制定的产后抑郁评估标准：

1. 情绪抑郁。

2. 对全部或者多数活动明显缺乏兴趣或愉悦。

3. 体重显著下降或者增加。

4. 失眠或者睡眠过度。

5. 精神运动性兴奋或阻滞。

6. 疲劳或乏力。

7. 遇事皆感毫无意义或有罪责感。

8. 思维力减退或注意力涣散。

9. 反复出现死亡或自杀的想法。

产后四周里如果出现上面 9 条症状里的 5 条或 5 条以上，其中必须有第 1 条或第 2 条，而且持续时间达到两周以上，总是感到痛苦或者社会功能已经受到严重影响，那么可以诊断为产后抑郁症。

附二：爱丁堡产后抑郁表（EPDS）

想一想在过去 7 天内，你有没有下面这 10 个症状。用 5 分钟的时间来完成。一般于产后 6 周进行。

1. 我能看到事物有趣的一面，并笑得开心。

    A. 同以前一样

    B. 没有以前那么多

    C. 肯定比以前少

    D. 完全不能

2. 我欣然期待未来的一切。

    A. 同以前一样

    B. 没有以前那么多

    C. 肯定比以前少

    D. 完全不能

3. 当事情出错时，我会不必要地担心和责备自己。

    A. 一点也没有

    B. 不经常这样

    C. 有时候这样

    D. 相当多的时候这样

4. 我无缘无故感到焦虑和担心。

    A. 一点也没有

    B. 不经常这样

C. 有时候这样

D. 相当多的时候这样

5. 我无缘无故感到害怕和恐慌。

A. 一点也没有

B. 不经常这样

C. 有时候这样

D. 相当多的时候这样

6. 很多事情冲着我来，使我透不过气。

A. 一点也没有

B. 不经常这样

C. 有时候这样

D. 相当多的时候这样

7. 我很不开心，以致失眠。

A. 一点也没有

B. 不经常这样

C. 有时候这样

D. 相当多的时候这样

8. 我感到难过和悲伤。

A. 一点也没有

B. 不经常这样

C. 有时候这样

D. 相当多的时候这样

9. 我不开心到哭。

    A. 一点也没有

    B. 不经常这样

    C. 有时候这样

    D. 相当多的时候这样

10. 我想过要伤害自己。

    A. 一点也没有

    B. 不经常这样

    C. 有时候这样

    D. 相当多的时候这样

以上你选 A 的得 0 分，选 B 的得 1 分，选 C 的得 2 分，选 D 的得 3 分，然后把分数加起来得到总分。如果你的总分在 9 分以内，你可能是产后情绪波动，但你是基本健康的。如果你的分数在 9 到 13 分之间，你可能经验到抑郁状态，建议你积极观察，学习一些在这个阶段需要的处理情绪和关系问题的技能。如果你的总分大于 13 分了，可能是患有产后抑郁症，建议求助专业人士，及时进行干预。

附三：产后抑郁的危机干预信号

- 想伤害自己或伤害宝宝。
- 很怪异的思维方式、幻想或幻觉。
- 退出所有社交活动。
- 说"没有我你们会过得更好"或"真希望我能一睡不起"这样的话。
- 脑海里一直有死亡或其他的病态想法。
- 极端持久的无助感。
- 冒险行为或自毁行为不断增加。

第二部分

夫妻篇

孩子的到来给小家庭带来了新的动力，
一方面夫妻间变得无比紧密，
另一方面，矛盾与冲突接踵而至。

第四章

变化中的
夫妻感情

孩子一来，二人世界变成了三角关系。对于这个变化，双方都会感到不适应。生育后的妻子比任何时候都更依赖丈夫，渴望丈夫的理解和支持，然而失望和不满也是普遍的。两个人需要学习在三角关系中如何保持亲密与平衡。

夫妻关系的分水岭

在婴儿的日日啼哭中,女人一头扎进养育孩子的生活,殊不知夫妻关系正在经历急剧的变化。可以说,孩子的到来是夫妻关系的分水岭,一方面孩子让夫妻关系更加紧密了,另一方面也给夫妻关系带来挑战,增加了疏离的可能。

很多女性反映,怀孕的时候会有一种特别的感觉,觉得真正地和丈夫联结在一起了。这不代表之前他们没有感情,而是说,在由两个人共同创造的新生命出现之后,单独的两个个体联结成了一个深度融合的整体了。孩子出生以后,丈夫和妻子一起领着孩子出去玩,一起为孩子生病而着急,一起计划孩子的未来,一起看着孩子一天天长大,两个人慢慢变老,感受到不同以往的紧密。即使有的时候出现意外,胎儿没有能够顺利降生,怀孕这个过程也会让夫妻两人紧紧地连在一起。我接待过一位在胎儿 6 个月时引产的女性,她为失去孩子而悲伤,陷入难以自拔的抑郁,陪同她前来的丈夫一直紧紧地握着她的手,跟她一起难过哭泣。在这对年轻夫妇身上,我看到两个人可以那么深地融入彼此的生命。

这种感觉是没有孩子的夫妻无法体会到的。我有时让关系濒临破裂的夫妻一起回忆怀孕和孩子初生时的美好画面,以唤醒当初的感觉,帮助他们重新联结起来。

随着孩子一天天长大,面对生活的很多琐事,即便我们在困顿中生出了分开的念头，实现起来也并不容易，因为你首先会想到孩子。有些女性朋友半开玩笑地说："原来还动不动就提离婚二字，自从有了孩子，再也不提了。"确实是这样，孩子加固了两个人的关系，哪怕原来的关系并不是很好。如果说夫妻关系如同用丝线连接，而亲子关系就像用锁链连接，人们常常会用锁链一样的亲子关系去锁住自己的婚姻。孩子促使夫妻以更加理解、包容和忍耐的方式去处理家庭关系。

孩子不仅带来向内凝聚的力量，也会给夫妻关系带来向外离散的力量，在夫妻间制造障碍，使夫妻关系增加了分离的可能。在这一点上，也许男人的体验比女人更深刻。在一次沙龙活动上，一位男士由衷地感慨："什么样的第三者都比不上孩子。"他的话引起了在场女士们的深思。

在一定意义上，孩子的加入确实冲击甚至破坏了原有的夫妻关系。从性的角度来说，我观察到一个非常有趣的现象，女人在与孩子的亲密中得到了生理与心理的双重满足，这导致女人对另一半的性趣降低了。女人抚摸、亲吻、拥抱孩子，感觉到深深的爱的联结，这些都在一定程度上实现了性的功能，减少了女人对伴侣的需要。但是男人不同，他们看着妻子亲吻孩子，给孩子喂奶，无限幸福，而自己在生理和心理上的亲密需要被搁置，觉得生活有些无趣起来，仿佛又回到单身汉时代。

我们极少看到怀孕或者在孩子刚刚出生时离婚的夫妻，却时不时地看到一些夫妻在孩子一两岁或者更大一些的时候，矛盾变得不可调和，关系走向崩溃的边缘。他们说起关系是如何发生改变的，往往这样开头："自从有了孩子……"

有调查显示，中国夫妻离婚率的高发时间是孩子出生后的头三年，特别是第一年，夫妻矛盾激化。美国人也曾经花七年的时间做了一项关于生育后夫妻关系变化的调查，结果显示，13% 的夫妻因孩子的到来而走向分手的边缘，38% 的夫妻的关系严重下滑，30% 的夫妻试图稳定关系，但感到无法亲密，只有 19% 的夫妻成功地克服了困难，而且感到他们的关系获得了提升。看来，孩子的到来确实引发了夫妻关系的变化。

从二人世界到三角关系

从下面的图画可以看到，当二人世界变成三角关系后，小家庭的构成变化了，关系也变得复杂起来。过去，两口之家，关系表现为男人对女人、女人对男人以及男人与女人双方形成的场域。现在变成了男人对女人、女人对男人以及夫妻间形成的场域，男人对孩子、孩子对男人以及父子（女）间形成的场域，女人对孩子、孩子对女人以及母子（女）间形成的场域，还有这三人多方互动时共同形成的整体场域。

一个三口之家，夫妻与孩子之间应该是一个稳定的等腰三角形的关系。在这个三角关系中，每两个人之间都有充分的交流与情感的滋养，爱是对等互通的，而且在整体上又是和谐的。我们可以简单概括成：爸爸爱妈妈，妈妈爱爸爸，爸爸爱孩子，妈妈爱孩子，孩子爱爸爸，孩子爱妈妈。

孩子出生后，二人世界变成三角关系

两人互动　　　　　　　　　三角关系中，爱是对等互通，又是整体和谐的

实际情况却总不如想象中那么理想。怀孕和初为人父母的那段日子，不论丈夫还是妻子都非常兴奋，会感到很强的生命动力，有着想要为孩子和家庭做很多事情的意愿。在这个时期里，夫妻都有很多美好的想象，丈夫想象着理想的孩子和理想的妻子，妻子想象着理想的孩子和理想的丈夫，每个人也在同时将自己理想化。随着日子一天天过去，理想会逐渐破灭，会发现天真可爱的孩子还会带来很多烦恼，爸爸的表现并不如妈妈所预期的那样，而妈妈也有很多表现不符合爸爸的想象。孩子有着极强的情感吸力，他会和爸爸争夺妈妈，也会和妈妈争夺爸爸。当然，父母也会去争夺孩子的注意力，他们总是问孩子，爸爸好还是妈妈好。夫妻会在如何安排家庭生活方面出现意见的交锋，在如何教育孩子的问题上遭遇很多沟通难题。家庭的经济压力增大，夫

妻单独相处的时间变少，丈夫与妻子的发展路径变得不同，差距拉开，社交圈子变化……很多年轻的夫妻在这个时期既深深地爱自己的孩子，又强烈地憎恨孩子，他们怀念之前两个人亲密又自在的生活，觉得是这个新来的小家伙搅了局。

三角关系失衡的7种情况

1.母子关系紧密，
夫妻关系与父子关系疏离

2.夫妻关系紧密，
母子与父子关系疏离

3.父子关系紧密，
夫妻关系与母子关系疏离

4.母子与夫妻关系紧密，
父子关系疏离

6.父子与母子关系紧密，
夫妻关系疏离

5.父子与夫妻关系紧密，
母子关系疏离

7.三方中任何两人的关系
都是疏离的

可是，我们并不能把这个时期夫妻关系的艰难都归咎于孩子。实际上，在有孩子的时候，基本上夫妻二人已经度过了浪漫恋爱和新婚宴尔的甜蜜时光，从浪漫期来到了冲突期与磨合期。无论婚前和婚初多么相爱，两人的关系到了一定的年头就不再是快乐地在浅滩上游戏追逐，而是走向深水区，夫妻二人常常会觉得失望，出现对立和冲突，甚至相互冷漠、仇视。

有人说，婚姻是爱情的坟墓，是指在恋爱的时候，大家都会去理想化自己和对方，更多地呈现自己美好的一面，也更容易看到对方美好的一面。进入真实的结婚生活的，梦幻就会破灭。有些人不断地体验恋爱与婚姻，却不能持久地维持一段关系，他们往往只想要浪漫的感觉，却无法忍受真实的生活，激情消退的时候，也就成了关系终结之时。

可是，婚姻还不是最终的坟墓，即使我们结婚了，那种理想化的情况还在一定程度上存在着，等到有了孩子，生活的琐碎与真实更加充分地暴露出来，二次破灭发生了。有不少夫妻是因为孩子出生以后要面对很多过去不曾面对的事情，发现彼此三观不同、性格不合，甚至会发现对方身上很多消极阴暗的部分。这一次的破灭比结婚时来得更加彻底。

当生活以完全真实的面貌呈现之时，女人会有破碎甚至崩溃的感觉，可是这个时候，处于脆弱中的女人对男人是充满期待和依赖的，而如果男人无法满足她的期待，女人的失望感就变得特别强烈。

这种破碎与崩溃的感觉男人也会有。很多男人在有了孩子以后，每日看到的不再是光鲜亮丽的妻子，听到的是孩子的哭闹声，想到的是挣钱的压力，他们感到烦躁，本能地想逃避。

新关系的相处之道

我们必须澄清的是，冲突与危机是由于关系变化导致的，而不是孩子本身。这就如同两个小孩玩游戏，当一个新伙伴加入，他们会面临难题，过去的玩法不再适用了，他们需要找到新的玩法。此时的家庭正是这样，我们要为自己和孩子学习如何面对新的关系，找到新的、适用的相处之道。

做母亲不易，既要满足孩子时刻对自己的需要，又不能忽略夫妻关系，这让很多新妈妈感到困扰。可是协调二者是完全有可能的。

人们常常以为，给予的精力多就是关注多，重视多，其实，关系的重要与时间精力分配的多少并不完全是一回事。在孩子幼小的时候，母亲当然要多分配一些精力给孩子，这是符合孩子生长需要的做法。从情感上，孩子重要，丈夫也重要，特别是在因为有了孩子而进入夫妻关系的新阶段的时候，双方都应有意识地为建设这个关系付出努力，但这未必要占据太多的时间与精力。通常，在情感上，我们只要能够对丈夫予以关注并表达感情，就会让对方感到满足。在两个成人之间，半个小时的坦诚沟通就足以谈清很多问题，这并不会影响我们去照顾孩子，这为我们平衡三人关系提供了可能性。

丈夫和妻子经过长时期的磨合，会在夫妻关系和亲子关系的互动中探索出适合自己家庭的相处方式，也会逐渐接受彼此的不同，取长补短，相互妥协和包容，为养育孩子和达成建设家庭的目标而共同努力。在这个过程中，新的平衡慢慢建立起来。

也许我们可以把由于孩子的到来带来的关系改变看作一次有趣的旅行。向外离散的力量使我们历经挑战，最终又回到原点，与向内聚合的力量相遇。我们因爱而出发，而最终又回到了爱。在那里，我们会发现，彼此已经不是过去昔日尚未成熟的男孩和女孩，已变为成熟的男人和女人，而孩子也一天天长大了。

失落的情感

当二人世界变成三角关系，家庭中的情感互动相应地发生了很大的变化。新生命带来的幸福感在家中弥漫，同时，一些让人不安的东西出现了。

"一直以为生了孩子以后我会变得有地位，没想到受宠的是孩子，而不是我。"一位新妈妈说。新妈妈或多或少地会有这种失去地位、不被重视、被忽视、被冷落的感觉。它可能发生在丈夫出差的时候，"他打电话问孩子怎么样，吃得好不好，睡得好不好，就是不问我一句"。也可能发生在你哺育孩子的时候，"喂奶时孩子咬我，我打了他一下，结果老公生气了，批评我，说我对孩子太狠了……"

女人的失落感源于孩子，正是孩子夺走了丈夫对自己的注意力。据说童话故事《白雪公主》的作者在最初创作的时候，写的是白雪公主的亲生母亲，因为嫉妒女儿，想要杀死她。读者接受不了这样的写法，纷纷表示抗议，人们更倾向于把母亲描绘成一个包容、慈爱、无私的形象，不允许在一个母亲身上呈现出如此强烈的嫉妒心，更难以接受亲生母亲会有想要杀死孩子的冲动。在这样的背景之下，作者把生母改写成了后妈。

母亲对孩子的嫉妒其实是普遍存在的，或者明摆着，或者隐藏着。这就像我们的心里面住着一个小女孩，她一直渴望关注，想要成为一个人心中永远的唯一的宝贝。如果一个女人想要拥有丈夫绝对的、完全的、独有的爱，并对此十分执着，她在有了孩子以后就会明显体验到失落感。

女人的高期待也会导致失落。此时的女性在身体上需要他人的照顾，心理上也比较脆弱，觉得自己付出了那么多艰辛，经历了那么多痛苦，应该被细心地呵护。也有的女性觉得自己生了孩子，劳苦功高，男人应该捧着自己。一方面是脆弱，一方面是高期待，再加上产后激素变化导致的敏感，女人变得十分情绪化，一有不被满足的情况就容易感到受伤，觉得男人对自己不够好，对自己爱得不够，甚至觉得男人不爱自己了。

基本上，男人不会因为妻子生了孩子就不再爱她。但是，由于女人生了孩子，男人在爱的分配和表达上确实变化了。他把爱分成了两份，一份是父子（女）之爱，给孩子，一份是夫妻之爱，给妻子。父爱是基于血缘的关系，刚刚开始，还带着全新的滚烫的感觉，而爱情是基于性的吸引，已经过了新鲜期，温度正一点点降下来。有时候男人也会感觉到你的失落，但他觉得，你已经是成年人了，怎么还会跟一个小孩子争宠呢？

受冷落的丈夫

失落并不会是女人的专利，男人同样也会有。

"不知怎么了，我老公最近吃饭时开始戴耳机了，我们的交流本来就少，只有晚饭能在一起吃，他还把耳朵堵上了"。一位妻子对丈夫的行为非常不解。原来，这位丈夫觉得家里人都围着孩子转，自己成了多余的人，于是他就想你们不理我，我也不理你们。

做了父亲的男人跟做了母亲的女人一样，也会经历幸福与失落的双重体验。在新生儿家庭，基本上都是一个或几个成年女性围着一个孩子忙碌。男人呢，不被理睬，也似乎不被需要，他感觉在家中被边缘化了。如果再被妻子责备，心里就更难受了。"有了孩子以后地位直线下降。"不止一个爸爸这样形容自己的处境。有些男人在有了孩子以后变得更频繁地加班，他们选择在公司多待一两个小时，以此为由拖延回家的时间，这样就减少了面对在家找不到位置的那种茫然无措的感觉。或者，他们虽然按时回家，但是跟家人的交流变少，显得蔫蔫的，干脆躲进自己的房间，跟家人隔绝开来。

男人一般不会承认自己有情感的需要，常常通过一种变形的方式来表达情绪。他可能说，你怎么又做了孩子爱吃的面条，偏不做我爱吃的米饭，他其实是在说，你怎么那么爱孩子，我在你心里还有没有位置？

男人努力地调适自己，他们比过去更加努力地投入在工作中，这样会让他有大男人的感觉。但是他仍然有可能是悲哀的，因为他觉得自己像个赚钱机器。如果他因为能挣钱养家而受到了你的肯定和感激，他会感到得到了弥补，但如果这些也没有得到，他就会加倍地失望了。另外一些男人会选择转移注意力，甚至索性放弃在家中的位置，投身其他事情以释放能量，或者压抑能量走向抑郁，也可能向外寻求安慰，发生出轨之类的事情。有调查显示，这个阶段是男人出轨的高峰期。

这些变化是在不知不觉中发生的，妈妈们经常毫无觉察。在孩子刚出生的忙乱阶段，女人很容易忽略男人的感受，以自己的想象处理着已经变化了的夫妻关系。即使有的时候女人注意到了，也会觉得男人不该跟自己和孩子斤斤计较，觉得男人承受一些压力、面对一些冷落是应该的。

建设亲密花园

情感的失落需要被正视。主动地去表达你的感受，如实地说出你的失望和恐惧，说出你希望他如何对待你，让男人了解。

不要反着来。很多女性明明是想要对方来关爱自己的，却在那里大谈对方如何弃自己于不顾，这会招来对方无休止的辩解，你却仍然感觉没有得到爱。停止这种索爱的方式，直接谈你的感受，哪怕你多么害怕呈现你的脆弱。

一位女性感觉无法从男人那里得到温情的关怀，于是她假装忙于看孩子，不理丈夫，后来干脆带着孩子回娘家了。"回到娘家他更不管不问了，偶尔打个电话也只是问孩子怎么样，一点不在乎我的死活。"她有时会想要离婚，甚至有的时候会在心里对丈夫说："难道要等我做了极端的事情，你才会后悔没有好好对我吗？"

要止住这种恶性发展的趋势，女人需要从被动地等待变为主动地沟通。

有的女性朋友可能会说，凭什么要求我们女人主动啊，男人为什么不能主动去安抚处于脆弱时期的妻子呢？确实，我们对男人有这样的期待并不过分，男人需要学习如何更好地去表达爱，如何在妻子生育和养育孩子期间更好地给予情感的支持。只是在男人还不懂得你、不能有所作为的时候，你要如何邀请男人走入你的情感世界呢？

能表达出自己的情感需要并不容易，特别是那些素日羞于提出情感需求的女性。也许你可以从最亲近的人开始，学着去坦露感情，"我很害怕你不再爱我了"。试着去要求一个拥抱，试着去说："我希望你今天晚上睡在我身边。"

就像女人渴望男人在这个时候给自己更多的情感支持一样，男人在这个时期对女人的情感需要也是客观存在的。在他不知所措、感觉孤立的时候，他渴望女人的关注，让他感到自己是有价值的、是被爱的，他希望女人帮助他找到在家庭中的位置，指导他照料孩子，和孩子建立关系。他频繁地发出抱怨的时候，正是希望你积极回应他的信号。

还记得在有了孩子以后给过丈夫什么样的问候和关心吗？是否探询过他的状况？对他的内心世界还好奇吗？"我在有了孩子很长时间以后才意识到，天哪，我忘记了身边的这个男人，感觉对他既熟悉又陌生。"一位妈妈在全身心地投入到母亲角色半年之后，惊觉自己与丈夫之间已经变得疏远。她决定要做一些改变。"我试着去了解他。当孩子睡着的时候，我和他待在一起，不说责备的话，更多地听他说。他不想说话的时候，我们就一起看看书也好。"这种睡前半小时的共处非常有用，她说，已经消失很久的感情似乎又开始在两个人之间流动起来。

虽然已经是三口之家，可是这不等于从此没有了二人世界。可以留出专门的二人时间，哪怕一周只有一两次，一次只有三五分钟，不谈孩子，只是纯粹地关心彼此，表达情感。可以有意识地做一点增进亲密的活动，比如"亲密5分钟"，你们在5分钟的时间里享受只属于你们两个人的乐趣。或者"凝视两分钟"，两个人面对面坐着，握住对方的手，不说话，只是相互凝视，两分钟过后，你们可以分享一下在那个当下的感受和内心活动。

在性爱方面，夫妻会经历一个特殊时期。当繁衍任务完成后，性似乎变成了一个可有可无的东西。女性的性欲降低，创伤后的身体条件也不允许女性像生产之前那样去满足对方。很多夫妻在有了孩子以后远离了性生活。然而，肌肤之亲、性的亲密是保持情感联结的捷径。在特殊的阶段，夫妻可以用一些替代方式，亲吻、拥抱、凝视、按摩，或者轻轻地摸摸头发、捏捏脸颊，在肩膀上靠一会儿，拉近两颗渐渐疏远的心。最好不要分房睡，要知道，空间距离也会导致心理距离。

当然，仅靠一些行为接触并不能从根本上保证感情关系的稳定与持久，真正让夫妻间的感情渡过瓶颈期并走得更加久远的是双方在情感世界里的共同成长。一个妻子总是感觉丈夫不爱她，因为他从来没有给她买过鲜花、戒指之类的东西，她觉得自己的情感在家庭中得不到滋养，生命变得干枯。有一天，当丈夫再一次把新做的菜放在她和孩子的面前，而把一些剩菜倒入自己的碗中时，她忽然意识到，这就是这个男人默默爱她的方式。从那以后，她不再刻意地要求丈夫为自己做什么，因为她知道自己是被爱着的。

夫妻渐行渐远？

一位新妈妈说，她每天在家想象着丈夫上班的样子，他一定是在他的工位上一整天面对着电脑。有一天，家里有急事，她到办公室去找丈夫，看到他正跟一群人坐在一间大会议室里开会，其中还有几位着装时尚的年轻女性，大家七嘴八舌，说的都是她听不懂的名词。那一刻，她感到丈夫所处的世界距离自己非常遥远，一种莫名的恐慌袭上心头。

有了孩子以后，男女分工成了每个家庭无法逃避的问题。基本上，男人们挣钱养家，而女人多以照顾家庭和孩子为己任，男人与女人所忙碌的内容泾渭分明，如果双方再缺乏交流，两个人的交集会变得越来越小。我们常常说不清夫妻间的距离是在什么时候拉开的，当它被意识到的时候，往往让人感到吃惊。

重视夫妻关系

国内一份权威日报做过一次调查，结果显示，有超过 7 成的人认为，亲子关系比夫妻关系更重要。这表明人们不但在行为上把亲子关系摆在了第一位，而且在心里也认为应该如此。

然而，心理学家一再提醒，运行良好的家庭总是以夫妻关系为核心的，亲子关系附着于夫妻关系，如果一定要分优先级别的话，应该是夫妻关系在前，亲子关系在后。

夫妻是一个家庭的核心，彼此互为人生伴侣，而孩子正是爱的结晶，这就如同一棵树，先有树根、树干，后有树枝、树叶。孩子也会关注父母之间的情感互动，并以此来作为判断家庭环境是否安全的依据。一个夫妻恩爱并同时爱着孩子的家庭，与一个夫妻疏离但分别爱着孩子的家庭相比较，哪一个家庭对孩子的成长更加有利呢？答案是不言而喻的。

我们把亲子关系放到第一位，很多时候是自然发生的，并非刻意为之。有的时候，又并非是孩子真的那么紧地拽着我们，而是我们自己在回避亲密关系里的困难，把自己对亲密的需要转向了孩子。孩子的到来很有可能成为感情降温的夫妻关系更加疏远的助推器。妈妈由于天然的优势，可以迅速地抓住孩子，从而拥有一段替代的亲密关系。在这种情况下，孩子在一定程度上成了妈妈的伴侣，而爸爸被排除在外。或者，夫妻双方都回避了两个人的关系变得疏远的事实，同时把目光转向孩子。这样的家庭看上去是幸福的，但隐藏着危机。问题在孩子小的时候往往看不出来，但是孩子稍大一些就会显现，孩子非常容易成为家庭关系失衡的受害者。一个逃学或抑郁的孩子后面，往往隐藏着一对关系不好的夫妻。反过来，要让孩子成长得好，或者去帮助一个成长中遭遇心理困境的孩子，调整改善父母的关系常常会带来让人惊叹的效果。

"牺牲者"的误区

女性的另外一个误区是她们还保持着传统的观念，以为把孩子养好是对男人最大的支持，是对家最大的贡献，让男人去发展，而自己则选择了牺牲。如今，这样的家庭常常会遇到危机。

一位女士在丈夫向她提出离婚之后说："自从怀上孩子，我就放下了所有事情，一心扑在家里，想着只要家好了，我也就好了。可是现在孩子大了，老公也发达了，却要离婚了。我一无所有，失去了走上社会的自信，他竟然在此时全然否定了过去的感情，要弃我而去，命运对我太不公了。"

流泪的她真真让人同情。可是，是如何形成了这样的局面呢？妻子认为是丈夫不负责任、游戏人生、道德败坏，而她的丈夫却说他心中早就没有爱意了，不过是为了孩子才隐忍了这么些年。"她说都是为了我，可我又是为了谁呢？她说为了我才成了今天的样子，好像都是我害了她，我让她那样了吗？"此时的男人心如冷铁，只想快刀斩乱麻，一走了之，而女人还在哭天喊地。

此类事情中，不排除有道德的因素，但是更重要的事实是，这样的夫妻双方各自处在不同的世界里，偶有沟通，也不在一个频道上，婚姻早已名存实亡。

在传统观念受到冲击的今天，女性仍然保有牺牲奉献精神，其高尚的境界应该受到肯定。但是，值得注意的是，在过去的社会，婚姻更多受到男主外女主内的制度约束和对婚姻对象从一而终的道德约束，现在，条件已经发生变化，如果女性仍然习惯性地选择无条件的自我牺牲，并把自己的幸福完全绑定在一个男人身上，就成了一件相当有风险的事情。

女人的自我牺牲常常成为两个人走向相反方向的开端。女人留在家庭里，终止了向外发展的可能，而男人则摆脱了家庭责任，在外面的世界信马由缰，女人抱着男人在外挣钱就是为了拿回家的美好想象，可是生活远比这个复杂得多。

这其实也给男人带来了无形的压力。当女人放弃自我的时候，表面上是没有要求的，其实在内心对男人有着更高的期待，诸如我已经牺牲了，那么你必须要成功；我这样忠于你，你绝对不能背叛我。那位离婚的女性，她在没孩子的时候曾一度把生意做得很成功，当她放弃事业回归家庭的时候，她虽然没有表现出不甘心，可是其实，她的内在有一个声音在说，我也是很优秀的，但是为了你，为了孩子，为了这个家，我不能去实现我自己，只能做幕后英雄了。这个声音一直在心里萦绕，直到有一天，她内心充满了委屈、压抑、不满和自卑，怀疑在事业上越来越成功的丈夫会抛弃自己。让她难过的是，结局正是她所担心的那样。

当然，男人同样需要注意这个问题。在有些家庭里，是女人在持续地学习和成长，男人则停在原地不动，这同样也会发生两人因差距拉开而导致关系难以维系的情况。

扩大交集，接受不同

如果我们把两个人比作两个圆，每个人都有自己的中心，但又有交集。如果两个人分别向两边运动，那么慢慢地交集变小，有一天，就成了各自独立的圆，距离越来越远。如果我们还希望保有并发展一段关系，那么要注意各自的运动方向。每一个圆一边要自转着，一边还要注意与另一个圆的交互，努力地去经营那个交集，保持和扩大彼此共通的部分。

夫妻都需要想一些办法去融入彼此的世界，共同做一件家务、一起陪孩子参加活动、一起旅游，和对方商量家庭决策、倾听对方的感受、把所思所想表达给对方……

那位偶然发现丈夫的办公环境与自己的想象迥然不同的新妈妈在孩子上幼儿园后找了一份工作，体会到职场的多彩与艰辛。但是她仍然很苦恼，因为丈夫并不知道她这三年在家里做了什么，也不懂得她内心的苦楚。后来，她想到一个办法，在周末报了个学习班，把孩子交给丈夫去带，让对方也体验一下她的生活。虽然这个过程里充满了矛盾，不过让她欣慰的是，他们对彼此的理解越来越多了。

也许有人会说，有的夫妻长期两地分居，有的夫妻从事着完全不相干的工作，有的夫妻文化差异很大，可是他们并没有分开，还持久地过下去，而且还能幸福，他们是如何做到的呢？

这样的家庭有着共同的特点，即夫妻二人保持着高频率的有效交流，他们能够以包容的心态对待彼此的差异。我的一位朋友一度与创业中的丈夫两地分居一年多，在这一年里，他们夫妻二人每天都会视频通话，跟孩子交流，每遇到一些事情，都会和对方商量，他们一起出谋划策、彼此鼓励。空间距离虽然也造成了一些困难，但是他们用充分的沟通渡过了这段艰难时期。

一位从事文学创作的女性说，当她捧着《红楼梦》伤感的时候，她从事工程技术工作的丈夫不但不理解她，还会取笑她。"我不会因为这样的事和一个男人分开，因为每个人的世界是不同的，我们不能强求别人一定要走进自己的世界。"同时，她也承认，自己不擅长技术工作，而丈夫却是专家，家里凡跟技术相关的工作全交给丈夫了，她觉得很受用。在这个家里，专业技能和兴趣爱好相差甚远的两个人实现了优势互补。

在这个阶段里，夫妻双方是否忠诚、有耐心，是否足够包容、有心理弹性，这些特质变得日益重要。共同养育孩子的过程会让两个人逐渐拂去表面的繁华，回归生活的平凡。当我们对彼此的感情产生怀疑的时候，甚至当我们觉得对方并非自己生命中那个真正的爱人的时候，有可能我们只是处在关系进展的阶段中，正是我们面对和接纳彼此真实面貌的时候。一些夫妻会在这个时期分开，实际上常常并不是因为他们所说的对方有多么糟糕，而是忽视了夫妻关系的建设，慢慢失去了共同语言，或者没有发展出足够的理解与包容的空间。另一些夫妻则在一起经历了风风雨雨，依然能够携手，慢慢发展出更多的信任，对家庭也更富有责任感，关系逐渐进入到一个更加稳固和深情的阶段。

第五章

新的夫妻矛盾与冲突

有了孩子以后，夫妻会面临两个典型矛盾，一个是新妈妈承担了大量的新增劳动，两个人分工不均衡，这会导致妻子产生抱怨情绪；另一个是关于如何养育和教育孩子，在这方面，夫妻双方常常陷入对立，各执一词，沟通困难。

丈夫什么都不管

怀孕期间，妻子会对丈夫本能地产生很多期待。你会想象，那个在你怀孕时给你买过很多营养品的丈夫在你生完孩子以后随时守护着你，对你嘘寒问暖，主动地抱孩子，给孩子洗澡、换尿不湿……他应该是机灵的、勤快的、充满关爱的、体贴的、随时都在的。

然而，对丈夫初为人父的表现，妻子们普遍感到失望。"抱个孩子都不会，笨死了！""我在夜里要起来多少次给孩子喂奶，他睡得像死猪一样。"妈妈们说起类似的事情都是一肚子气愤和委屈。

如果我们按男女双方在家务承担方面的贡献给家庭分类，大致可以分成四类。第一类，基本上都是女人在承担，男人不怎么参与；第二类，男女双方共同承担，但以女人为主，男人为辅；第三类，男女双方共同承担，但以男人为主，女人为辅；第四类，基本上都是由男人在承担，女人不怎么参与。看看自己和身边的家庭，属于哪一类呢？第一种情况最多，第二种情况次之，第三种情况很少，第四种情况极为罕见。

在育儿这件事上，父亲缺位是个普遍现象。有人编歌谣说，"妈妈生，妈妈养，爸爸回家就上网"。这个描述并不过分，你在很多家庭里都能看到这样的画面。妻子们为此跟丈夫谈判、斗争，可是经常是斗争无果，妻子备感失望，又返回到一个人带孩子的世界里去。有的人太生气了，给这种现象起了个十分具有情绪色彩的名称，叫"丧偶式育儿"。一段时间里，人们广泛使用这个说法，足见妻子们在这一点上有着多么雷同的经验和情绪。

被赋予了很多期待的丈夫为什么不能做得到位一些？如果丈夫能端一碗热汤来，问问妻子伤口还疼吗，说一句"老婆辛苦了"；在孩子夜哭的时候及时醒来，帮着妻子把孩子哄睡；在妻子焦虑的时候，说一句"别担心，我会和你一起承担"，妻子们大概就不会有那么多抱怨吧。

这样"体贴型"的丈夫有吗？有！但是总体上数量并不多。能做到符合妻子们期待的丈夫基本上都有着相当高的情商和充足的前期知识与心理储备。

妻子们更多地感受到的是另外两种类型的丈夫。一种可以称之为"呆瓜型"，这类丈夫可能说不出什么让人感动的话，在很多需要他出手相助的时刻，他都不知道该如何反应，看上去不那么灵光。另外一种可以称之为"鸿沟型"，这种丈夫不但不能体贴和帮助你，还很固执地站在他的立场上，甚至有时他还会说出贬低和讥讽的话。"我母亲一出月子就下地干活了，你怎么就不行呢？"一位新妈妈产后体虚，向丈夫诉苦，得到的却是丈夫这样的回答。

新爸爸滞后现象

男人缺席育儿过程，这个现象并非现代社会的产物。在过去的几千年里，男主外女主内是社会的基本分工。现如今，女性开始向外发展，像男人一样参与到外部世界的建设中，与男人共同承担社会责任，这在客观上要求男性也要向内回归，与女性一起共同分担家庭责任。目前的实际情况是，男性参与养育孩子的比例和程度虽然日益提升，但还远远达不到充分参与和足够承担的程度。即使那些看起来做得很不错的男士，内心依然或多或少地保留着旧时代男人的作为一家之主的权威感和优越感，希望能够逃离家务琐事，安享妻儿的尊崇与服侍。我丈夫能够做到经常买菜、做饭，已经算是非常不错的了，可是他说，他从小对家庭的梦想是家里有一个"田螺姑娘"。

男人的表现与女人的期待差距大，另一个更加重要的原因是男女在生育过程中的经历大不相同。女人经历过十月怀胎，经历过流泪流血的分娩过程，这些都是男人没有体验过的，也无从想象。不管男人多么善解人意，都无法真正懂得女人成为母亲这个过程中到底发生了什么、女人真正的需要是什么。

男人跟孩子的关系也会出现类似的状况。女人和孩子天生就是熟悉的，女人本能地懂得孩子，而男人对孩子的情感虽然也有天然的联系，但是比起女人来差距还是很大，是需要后天培养的，他们甚至需要通过理性来让自己去爱上孩子。

男人在这个时期也还不够成熟，在刚刚当上父亲的时候他们还不十分清楚自己应该承担怎样的责任，即使知道，也常常在自己的快乐与家庭的责任冲突时选择前者。在你晚上无眠地照顾孩子的时候，他们可能正在另一个房间里打游戏。或者把一切都交给老人打理，自己又退回到过去由老人来主持家政的时候，乐得当个"妈宝男"。而且，他们有着天然的便利，因为他们可以说："我是要带孩子的，可是孩子不跟我，他要找妈妈。"于是，他又得以逃脱。

在这个阶段，妻子照料孩子，操持家务，已经远远地走在前面，期待着丈夫能跟上她的步伐。可是，丈夫并不能很快进入角色，还在原地徘徊不前。他甚至还会反感因为孩子的到来而引发的大堆杂务和复杂的人际关系。这种新爸爸滞后现象导致夫妻二人的步调不一致，丈夫和妻子仿佛隔河相望。

你是不是把他推开了？

可是，男人也在意识到他当爸爸了，他的生命进程发生了重大的变化。如果说女人在生产的时候处在特殊的时期，那么男人也一样，他的身体完好，没有损伤，可是他的心灵也在经受着冲击。他们会想，要去挣更多的钱，要让孩子接受好的教育，他们也很渴望和孩子接近，照顾孩了。

那是什么让男人离孩子远了呢？除了新爸爸滞后现象，还有一些原因是与他在家庭中跟妻子的互动有关。

一位妈妈说她的丈夫："孩子的事他根本不管，我一说他，他能离开家几天不回来。"听上去孩子的父亲对孩子不管不问，是个不负责任的人。可是孩子的父亲也有一肚子委屈，他说只要他一开口，孩子的妈妈就反对他，说他想得不对，做得不好，日子长了，他干脆选择撒手。

也有的时候，我们并没有打压丈夫，而是过于爱护丈夫了。像夜间带娃这件事，很多女人不管一个晚上要起来多少次，多么辛苦，都选择一个人去承受，或者让保姆或家中老人协助，而希望丈夫能睡个好觉。妻子虽然体贴与关爱丈夫，但是让丈夫错过了在她最需要的时候陪伴她的机会，也错过了在孩子最弱小的时候贡献父爱的机会。

还有一些微妙的我们注意不到的现象。一位新妈妈说："我抱怨丈夫不管孩子，他却说是我不给他机会。"妻子感到委屈，可是这里面确实有一些值得我们去深入观察的东西。丈夫所说的妻子把持孩子的情况在一定程度上是事实。由于妈妈与孩子的天然联结，妻子在亲子关系中占据着独特的优势，这是丈夫无法企及的。妈妈们会在心里偷偷地享受跟孩子在一起的快乐，甚至有的时候想独享这种幸福感，觉得丈夫是她与孩子之间的障碍，不愿意丈夫参与其中，妻子一边在抱怨着丈夫的不参与，一边在排斥着丈夫的加入。

正面说出你的需要

妈妈们其实真的需要爸爸们的参与，而且，从孩子长期的成长过程来看，爸爸是和妈妈一样重要的，他的存在本身就是孩子成长和教育的资源。面对丈夫不主动参与的情况，妻子要邀请他们。

我们经常见到的情况是，新妈妈愤怒地问："你就不能眼里有点活吗？""难道你看不见我忙不过来？"这样的说法让爸爸感到沮丧，可是他仍然不知道如何帮到妈妈和孩子。

有一些妻子是用间接的、迂回的方式。一位妈妈说，本来自己和孩子在一起的时候还挺有耐心的，可是丈夫一回来她就变得烦躁了，时不时地批评孩子两句，有时候还会故意摔门。她其实是希望丈夫能替她来带一会儿孩子，但是她的举动却让丈夫感到纳闷和紧张。

还有一些妻子会跟丈夫怄气，甚至拿孩子当筹码。曾有一个真实的案例，孩子发烧了，孩子的父母互相推诿。爸爸觉得管孩子不是自己的事，妈妈赌气把发烧的孩子扔在家里，看爸爸怎么办。结果，孩子病得越来越厉害，耽误了治疗时机，最后烧成了耳聋。

当指责的、攻击的、旁敲侧击的方式不管用，有的新妈妈在失望和生气的情绪推动下，走向了反面。她们会采取不让丈夫参与的做法，她们说，就当丈夫不存在，自己一个人来养孩子。

作为气话，这是可以理解的，但这不是合适的做法。观察一下，当孩子有一两个月没有见到爸爸，爸爸忽然来了，孩子有多么的高兴。丈夫在一开始就应拥有属于他的位置，你不可以一生气就把丈夫推开。而且，你是真的需要他。

让丈夫支持自己的一个好办法是直接说出你的需要。在生孩子的时候，有丈夫在身边，即使他什么都不做，与他不在身边有着天壤之别。你可以明确地告诉他："不管发生什么，别离开我，随时准备来帮助我。"

一位女性委屈地说，月子里她的丈夫每天给她做米汤喝，她觉得那个东西很廉价，为什么不能给自己弄一些营养价值高的鸡汤来喝呢？她感觉丈夫对自己不好。对此，丈夫的解释是，医生告诉他，女人产后要喝米汤，他以为这样是好的，哪里知道妻子想要喝鸡汤呢？这位妻子其实非常清楚自己的需要，但是她不愿意主动去表达，被动地等待丈夫来满足她，结果让她失望。其实，她完全可以直接说，我不想喝米汤，想喝鸡汤。

用正面、积极的语气提要求，你的要求提得越清晰、明确、具体，丈夫就越能很好地配合你。"老公，你来给孩子喂饭吧！记得把围嘴戴上。""周六下午我要出去谈事，你能带孩子去参加社区的亲子活动吗？"这样，丈夫就更容易去做。

当然，不要期望你说出来了丈夫就一定能够做好，你仍然要做好他不能让你满意的心理准备。你需要预留出一段时间，让丈夫慢慢进入角色。

能在最需要男人的时候还体贴到男人的滞后性而保持耐心，这对女人是一个不低的要求。也许我们会失去耐心、会发火、会抱怨，这很正常。当你平静下来之后，再去试着用正面的方式说出你的需要。

引导、鼓励、感谢他

妻子让丈夫参与家务，不仅是帮忙干活，减轻自己的负担，也是给丈夫一个位置，加强他与家庭的联结。

一位妈妈面临婚姻危机，在排除了外遇等诸多原因之后，我们发现，这位妻子把家里的一切都打理好了，丈夫在家什么都不需要做，这让他感觉自己就像一个客人，他在家里其实是没有位置的。我们就想了一个办法，让她的丈夫每天出门的时候顺便拎上一袋垃圾。事情虽小，却是丈夫参与家庭事务的开始。后来，她又请丈夫买菜回来。再后来，两个人一起去接孩子……他们找到了同在一个家的感觉，自然也渡过了婚姻的危机。

丈夫对家庭事务的参与往往是从小事情开始的。在恰当的时机，让他去做一些力所能及的小事情。如果他不那么主动，就想办法制造一些机会，把一些任务加给他。给丈夫留一些事情让他去做，即使你是全职妈妈，也不等于孩子的大事小情都应该由你一个人负责。你要和丈夫去协商，什么时间是他负责照看孩子，你们可以约定每周多长时间，是在周末，还是某几天的晚上。

也许他做得并不那么理想，可是做总比不做好吧。就像孩子学习做手工，他能试着去做，比做出什么样的作品更重要。一位新妈妈像多数女性一样，对丈夫当甩手掌柜的行为感到愤怒。有一天碰巧丈夫比平常回来早，还带了些从饭店打包的食物，她没有像往常那样抱怨，而是说了一句相反的话："看来你还想着我和孩子呢。"结果第二天，老公又早早地回来了，还专门从超市买了食物带回家。如果我们把注意力放在丈夫做得好的地方，肯定和鼓励他，丈夫就会有动力。如果这个正向循环能持续下去，有一天，丈夫参与家庭事务就会成为习惯。

有时丈夫会想要逃跑。他们可能说，我还要上班，我休息不好就不能好好工作。确实，丈夫承担着家庭的经济重担，工作已经很累了，但是这不能成为免除他们陪孩子和分担家务的理由。不管是陪孩子玩"藏猫猫"游戏，还是带着生病的孩子去医院，让他们去做。一个男性朋友回忆他在孩子小的时候和妻子一起照顾孩子的经历，"她看前半夜，我看后半夜。半夜起来给孩子冲奶粉，要在手背上试试温度再给孩子喝"。他对这些细节记忆犹新，他说，正是那段经历让他理解到，做女人太不容易了。那些一起熬过来的日子成了夫妻二人深刻又美好的回忆。正是在这种担当中，丈夫和妻子学会了共同付出，彼此合作，日渐成熟，成为真正意义上的父母。

丈夫对家庭事务的参与会极大地解放妻子，孩子也极其受益。别忘了适时地向他分享你的好感觉，并对他道一声"辛苦"，说一句"谢谢"！

我俩教育观念不一致

要吃早饭了，妈妈让孩子坐到餐椅里，孩子不肯，哼哼唧唧地向妈妈怀里扑来。妈妈正要去抱，爸爸一把抓过孩子放进餐椅中。孩子大哭，妈妈又去抱，此时爸爸一把夺过孩子，拖进了房间，说："你要么坐在餐椅中吃饭，要么不吃饭，在房间里待着。"

这是一个家庭里真实的一幕。妈妈说起早晨发生的事，还是忍不住心疼孩子，自己也感到委屈，她觉得丈夫做得过分了。

爸爸则有另外一个版本。他说，看到孩子不能按照妈妈的要求坐好，此时妈妈无原则地退让，显得很无力。如果总是这样，孩子会变本加厉。于是，他决定支持妈妈。让他感到不可理喻的是，妈妈却站到了孩子一边，跟他对立起来了。

这样的三角式对抗恐怕在每一个家庭里都上演过。"有了孩子以后才发现，两个人有着如此巨大的不同，简直就是一对敌人。"一位来访的妈妈说，以前两个人也会争吵，可是没有这么频繁和激烈，现在，跟孩子有关的任何事情都有可能成为吵架的导火索，孩子的教育问题成了夫妻争斗的重点。

夫妻在孩子的教育问题上针锋相对、互不相让，背后的一个重要原因是双方都太在乎孩子了。平常夫妻两个人，遇到点意见不合的情况，妥协谦让一下，是比较容易做到的，但是当涉及孩子时，都强烈地想要把自己认为好的、对的东西给到孩子，就不像平常那样容易放弃自己的立场，即使平时看上去十分随和的人也变得强硬起来。"孩子教育无小事，任何小事都关乎未来。"一位妈妈说，她吵架行为背后的信念是要对孩子负责。

男女在对待孩子的态度方面本来就有着天然的差异。多数情况下，男性身上体现的是阳刚的、规则的、权威的部分，而女性则更多地体现阴性的、包容的、柔软的部分。理想的家庭教育会在阴阳两极之间找到平衡。而现实中，我们总是在两者之间徘徊，矛盾不断。妻子会在内心设立一些对待孩子的标准，并要求丈夫和自己做得一样。"看看你们弄得多脏。""这种游戏太危险，不要玩。"妻子会为丈夫做得不如自己预想的那样而焦虑。丈夫在内心也设定了他的规则，要求妻子和孩子做到。"不就是出个门吗？干吗那么难分难舍！""你要等他自己愿意穿衣服，那要等到什么时候？就是现在，必须穿好！"

我们平常会听到人们这样劝吵架的夫妻："不要吵了，那样对孩子不好。"如果夫妻双方能做到不争吵当然是好的，不过多数夫妻都做不到，或者即使做到了，家庭气氛反而变得压抑。因为在养育孩子的每一个细节里都可能存在冲突，小到孩子如何拿筷子、买不买某个玩具，大到孩子接受什么样的教育、将来走什么发展路线等。冲突常常是我们无法预料的，夫妻各自的反应都是本能的，根本来不及商量，这是因为冲突的后面有很多我们看不见的东西在运作。一个对孩子学习要求严格的妈妈可能出自一个贫困家庭，靠着自身的努力从农村来到城市，生活的经验告诉她学习是唯一的出路，她带着这样的理念去要求孩子。而她的丈夫生长的环境相对优越，他从来不认为学习好才有出路，他觉得把学习搞得差不多就可以了。有一天孩子说肚子疼，不想去上学，爸爸说那就在家休息一天，妈妈正怕孩子因为一点不舒服就耽误学习，听爸爸这样一说更加生气，批评爸爸不负责任，冲突就这么产生了。每个人所持有的观点后面其实都有各自的原生家庭、成长经历的烙印，表面上是夫妻两个人在某个具体问题上的是非争论，实质是两套价值观念、两个原生家庭、两种人生态度在较劲。

孩子在冲突中长大

冲突会让人感觉紧张、害怕，具有破坏性，夫妻关系会由于冲突而变糟，孩子也会受到伤害。那是不是我们就不要发生冲突了呢？

试想，如果一个孩子在成长的过程中所有的一切都听妈妈的，爸爸从来不会和妈妈发生冲突，那会是怎样的结果？妈妈如何能保证自己总是做得恰到好处呢？无论我们多么爱自己的孩子，多么努力地按照正确的方式去教育孩子，我们能做的都是有限的。而且，到了一定阶段，女性最初的优势就会变成劣势，比如跟孩子的距离过近、过度保护、不能放手、情感有余、理性不足，而男性则能提供女性不能提供的部分，他们常常比女性更加有力量，能够抛开情绪，客观地看待事物。

全部听从爸爸的安排，完全把孩子交给爸爸教导也不可取。作为妈妈，我们需要守护孩子，并努力提供爸爸不能提供的或者优于爸爸的部分。有的爸爸以居高临下的姿态对待孩子，有的爸爸粗暴而严厉，遇到这样的情况，如果妈妈害怕发生冲突，一味地妥协忍让，那么在这个家庭中就没有平等，孩子得不到保护，就会成为这种家庭关系的牺牲品。一个女大学生患有严重的焦虑症，咨询的时候她说，她有一个身居要职的父亲，父亲对待她就像对待下属一样，严肃又苛刻，这让她的童年蒙上了恐惧的阴影。而对于母亲，她的恨多于爱，惋惜多于感激，她说："如果妈妈能勇敢一些，也许我就不会那么压抑。"

一味地压制自己，不去发生冲突，其实是另一种伤害。它抑制了我们的本性，给孩子营造的其实是一种虚假的和谐环境。

冲突是必然的，也是必要的，而且冲突完全可以变成一个积极的东西，促进孩子的成长和家庭的和谐，就看你怎么使用它。

在某种意义上，冲突是孩子的成长所需要的。恰恰是在冲突中，双方尽最大可能贡献了他认为最好的部分，在一方一边倒的时候，另一方的不同意见则有可能为保护孩子而设置了底线，孩子也会在冲突碰撞中加深对人和事的理解，了解到行为的边界在哪里。孩子就在这样的冲突中长大。

冲突也促进了夫妻二人自身的成长。夫妻在共同抚育孩子这一过程中增进相互的了解，看到自身的局限，发掘自己身上原来没有得到彰显的特质。比如，女性会在冲突中发展出刚强有力的部分，那些在压力下挺身保护孩子的妈妈像狮子一样凶猛强悍。而男性则有可能在不断的冲突中确立他作为父亲的地位，或者有机会学习到女性的温柔与慈悲。

放下对错，看到孩子

一对夫妻因为孩子的教育问题而争执不下。丈夫说："我觉得孩子从小就要懂规矩。"妻子说："孩子这么小，你就用那些封建礼教压迫他，他现在应该是自由的。"他们想要外人评理，到底谁对谁错。

夫妻一争吵就要问谁对谁错，看不到彼此一致的地方，争执并夸大那个分歧，这种诉求本身就有问题。求证自己是对的，把对方置于错误的境地，这会让我们偏离本来的爱与善意，变得执拗、偏执，充满攻击性。有的夫妻还相互进行人身攻击，家庭气氛急转直下，本来是想要孩子好，结果却反过来伤到了孩子。

很多时候，我们以为自己是在为孩子而争论，但其实是在争夺家庭中的话语权。也有可能，我们把自己一直以来的偏执习惯带到了孩子的教育中而不自知，打着为孩子好的旗号，做着伤害孩子的事情。

问问自己，我想要孩子怎么样呢？绝大多数父母可能都会说类似这样的话："我想让孩子身心健康，快乐幸福。"是的，这就是我们的目标。"都是为了孩子好"，这看上去是一句没有多少用的话，然而，它正说明夫妻二人其实是有同样的目标与方向。可是发生冲突的时候，我们都想证明自己是对的，这成了新的目标，这时候就看不见孩子了，一心想的都是"我要赢"。而且即使意识到争论已经偏离了既定的轨道，滑向了危险的边缘，但是情绪在燃烧，它推动着我们朝攻击、破坏、毁灭的方向去。双方都害怕在争论中输掉，更不愿意承认自己的错误，似乎只有自己赢了才会好过一些。

而事实上，承认错误，赔礼道歉，退出话语权之争，这些都不是失败。在情绪高涨、事态危急的时刻，如果你能够及时地喊停，那是明智之举。就像在球场上裁判举手示意暂停一样，在关键时刻，停一下，不要被激烈的负面情绪推动着做出危险的举动。这个停是喊给对方的，更是喊给自己的。这时候你可以说"我有情绪，需要一个人安静一下"，或者"抱歉，我不想再争了，我需要出去走一走"。即使你没有时间可以单独待一会儿，你也可以做几个深呼吸，让自己得到调整。

如果我们学会倾听，就会惊讶地发现，原来没有绝对的对与错。在一次关于父子下棋的冲突演示中，所有的家长都在试图找到如何让一个三岁的孩子遵守下棋规则的办法，他们真的是口才卓越，几番下来，把那个扮演孩子的学员说得无话可讲。当所有人都为终于搞定了一个难搞的孩子而欣慰的时候，忽然一个家长站起来说："孩子想要跟爸爸撒个娇、耍个赖，这有错吗？可不可以对一个三岁的孩子在规则上做一些变通呢？让他开心一点不可以吗？"全场顿时安静下来。然后有人鼓起了掌，现场的气氛也一下子变得轻松了。那个扮演孩子的学员后来说，虽然他在最终说服他的强势的爸爸面前表示驯服，可是他感到压抑，如果让他选择，他更愿意和那个不会压制他的笨拙的爸爸在一起。你看，在不同人的眼中，什么是对什么是错完全不同，男人与女人不同，成人与儿童也不同。

冲突中的我们仿佛盲人摸象，总是坚信自己对孩子的教育方式是最正确的，可实际上，每个人摸到的都是大象的不同部分，都在拿着自己摸到的部分去否定别人。当我们把不同的部分有机地结合在一起的，我们才有可能发现真相，找到真正对孩子有益的方式。

唱红脸，还是唱白脸？

教育孩子，夫妻二人应该互相配合，但如何配合，却有不同的说法。有人说，应该一个人唱红脸，一个人唱白脸；有人说，不对，两个人的意见要保持一致。那到底应该怎么做呢？

如果把夫妻两个人在教育孩子上的组合分一下类，大概可以看到这样四种类型：慈父慈母型、慈父严母型、严父慈母型、严父严母型。这里面就包含了双方一致和不一致的情况。

举一个例子，孩子要看动画片，爸爸不允许。这时我们可以把这个爸爸归为严父，他唱的是白脸。那这时候的妈妈是唱红脸，扮演一个慈母呢，还是跟爸爸保持一致，唱白脸，扮演严母？

先来看看妈妈唱红脸的情况。她跟孩子站在一起，允许孩子看。当然，这意味着不支持爸爸的意见。这时候会有什么效果？孩子看了动画片，觉得妈妈好，爸爸不好，而且以后有可能把爸爸的话当耳旁风。

但这么做是不是就一定不好呢？未必！如果孩子从来不被允许看动画片，偶尔看一次就被爸爸训斥，面对这种情况，如果妈妈能够适当允许孩子看，为孩子做出合理的安排，孩子就不会在看动画片这件事上被爸爸伤到。

再来看看妈妈选择跟爸爸一致的情况。她附和爸爸的态度，不许孩子看，同爸爸一起教训孩子。孩子会怎么样？他会觉得，你们两个大人联合起来打压我，让我看不成动画片，他心里会很委屈，不服气。

那是不是不能跟爸爸的态度一致呢？也不是。如果孩子看动画片的时间过长，已经影响学习和视力了，就需要有人来制止他，这时候爸爸发出了停止不良习惯的指令，妈妈顺着这个方向走，再给孩子一些方法上的引导，夫妻二人就合力阻止了孩子养成一个坏习惯。

说到这里，你大概已经发现，夫妻二人在教育孩子上各自选择什么样的姿态，其实并没有确定的唯一的正确方法。有的时候我们需要保持一致，合力完成一个共同的目标。有的时候，我们又需要呈现不一致，让孩子感受到他是有空间的，正是在这样的空间中，有一个缓冲地带，父母一方的一些过于偏激的做法有机会得到修正，避免孩子受到伤害。

不论是哪一种组合方式，其实都有它的利与弊，也各有适用的情况。慈父慈母，好的方面是孩子的压力小，关系中没有正面冲突，不好的方面就是它容易导致溺爱，没有底线。慈父严母和严父慈母，好的地方是在一方不能有效管理孩子的情况下另一方能够守住底线，孩子有机会看到父母的不同态度，他有思考和选择的空间，不好的地方是唱白脸的一方会承受更多的压力，和孩子的关系会受到挑战，夫妻关系也容易出现摩擦。严父严母，好的地方是能督促孩子进步，改变时速度快、有力量，不好的地方是孩子的压力很大，有时会出现两个大人共同"欺负"一个小孩的情况，家庭缺少温情，孩子容易有心理创伤，产生叛逆情绪。

夫妻二人共同教育孩子，如果有什么不变的原则，那就是要以满足孩子成长的需要为前提，把孩子培养成一个健康完善的人为最终的目标。

第三部分

家庭篇

在动荡的家庭系统中，
每个成员都在寻找自身的位置和存在的意义，
其间会有矛盾和冲突，有情感交织，有观念碰撞，
但无论如何，使大家凝聚在一起的是对一个新生命的爱。

第六章

与丈夫家人
的关系

如何处理与丈夫的家庭成员的关系是极具挑战性的。如何在丈夫的家人数量多的情况下避免被孤立，如何处理婆媳关系，成了新妈妈要学习的重要功课。

这是他们的家，还是我们的家

当丈夫的家庭成员进入小家庭，或者小家庭归入丈夫的大家庭，新妈妈会体验到什么呢？"孤立，觉得自己是个外人，他们才是一家子"，"挺好的，相当于又多了一对照顾我的父母"，在这两种回答中，选哪一种的新妈妈更多呢？

你猜对了，选前者更多。这是新妈妈们在与丈夫家人深度相处时常常会有的一种感受。"她总是心疼她儿子忙啊，压力大啊，好像我不累似的。"一位新妈妈说，她能分明地感觉到，婆婆是真心地疼儿子，但对儿媳就没有那样的感情了。

我们看到男方一家人聚合在一起，本能地想要继续曾经的家庭结构和关系。男方的父母常常还没有真正地意识到儿子已经是一个结婚成家的、当了父亲的男人，有可能还在以看待孩子的眼光看待他。你的丈夫在面对他的父母的时候，也会显露孩子的一面。男人的背后站着他的父母，而女人是一个人。一个人面对一家人，女人的感受是有压力的、害怕的，有一些自怜的。

这个状况的产生与男方的家庭状况直接相关。如果你的公婆是开明的老人，你的丈夫成熟，你并不容易被孤立。如果公婆过度地侵犯小家庭的边界，丈夫又不够成熟、不能独立，妻子的处境就比较艰难。

当男方家庭成员进入小家庭
男人的背后站着他的父母，而女人是一个人

　　一位产后抑郁的妈妈告诉我，她清楚地知道，她之所以抑郁并非是因为生孩子，而是跟丈夫家人在很多方面的矛盾积累的结果。"恋爱时我公婆不同意，结婚时他们态度很冷淡。"生了孩子，原本不登门的公婆来了，给孩子带了礼物，但并不怎么跟她说话，她感到这家人只在乎儿子和孙子，并不在乎她，那一刻，失望和委屈如潮水般吞噬了她。

　　生育是检验女人与男方家人关系的关键时刻。女人在结婚和生孩子的时候都非常容易和婆家产生过节，过去积累的一些负面情绪也很容易在这个时候找到出口。有些女人在结婚时没有收到期待中的彩礼，或者没有举办像样的婚礼，这些都可能导致女人感觉委屈，与丈夫的家族产生隔膜。女人在当时可能选择隐忍，而到了生孩子的这个节点，丈夫家族里任何轻微的举动都可能牵动她深深压抑的情绪，或者爆发，或者激化。同时，在女人的自我感觉中，生育不仅是自己人生中重要的时刻，也是丈夫家族的一个重要时刻，不论生男生女，她们都期待能收到来自家人的尊崇、关怀和照顾，一旦期望落空，也很容易滋生出失落与怨恨。

他为什么不说话？

在与丈夫家人的相处中，我们都期待丈夫在关键时刻能跟自己站在一起，在与家人的沟通中发挥桥梁的作用。在一次沙龙上，一个妈妈说，与婆婆相处五年了，她们从来没红过脸。这引起了在座妈妈们的羡慕。问其经验，她说并不是没有发生冲突的时候，但是她会让老公出面协调。"比如婆婆的某个做法我不喜欢，我会对老公说明发生了什么，自己的感受是什么，期待是什么，让他去和婆婆沟通。"幸运的是，她的老公非常善于沟通，总是能顺利地化解婆媳矛盾。

聪明的妻子懂得发挥丈夫的作用，而情商高的丈夫懂得如何帮助妻子与公婆建立联结，减少误会，增进感情，这多好啊！可是并不是每个女人都这么幸运。有的丈夫根本不把沟通当回事，有的丈夫沟通不当，告诉妻子，"我妈说你懒，不搞卫生"，他虽无意伤害妻子，但是妻子觉得很受伤。还有的家里，丈夫一遇到他的父母与妻子起冲突，就会明确地维护父母。"我和婆婆起冲突，他当着婆婆的面骂我，逼着我给他妈道歉，我不道歉，他就说要跟我离婚。"说起来，女人都是一把鼻涕一把泪的。

丈夫为什么就不能像自己期待的那样，遇事能跟自己站在一起，遇到公公婆婆做得不当的时候出面制止呢？

男人在家庭关系中的立场选择深受传统的影响。有句话叫"天下无不是的父母"，在这样的观念之下，男人会说，我妈再不对也是我妈，我要孝顺她。在他的心里，你是他的老婆，你和他是一体的，他选择牺牲自己，同时也就牺牲了你。在他心里，并不是故意要让你受委屈，只是一个无奈的选择而已，他觉得你应该懂得。可是在你的世界里，你觉得不公平，觉得他更爱自己的父母，不够爱你。

还有些男人不太独立、不太成熟，他们往往在父母对小家庭的边界无形干预时采取听之任之的态度。"这也是为了我们好嘛"，他会替父母辩解。或者即使他觉得过分了，并没有附和他的父母，但也没有什么好的解决办法。观察一下，当他跟父母在一起的时候，是不是还保留着孩子般的感觉，他的父母是否对他有着太多的不放心、不放手？在做决定的时候，他是不是还在依赖父母，不能自主？如果是这样，在你和公婆的意见相左时，你的丈夫不能为你说话就很容易理解了，因为他其实也不能为自己说话，他还没有从父母的羽翼下脱离出来。

有的人会说，这样的父母也有问题，怎么就不知道他们的儿子已经成家了，还管那么多。其实，对小家庭干预比较多的父母往往是曾经过度保护的父母，正是他们的养育方式造就了今天生理上成熟但心理上还不成熟的儿子。这样的父母还保留着过去对儿子无微不至地关注的习惯，想知道儿子生活中的琐事，如果丈夫事事向他的父母汇报，允许他们参与意见，就会形成对妻子不利的局面。

在与男方家庭的融合中保持独立

面对男方家庭的压力，妻子会指责丈夫，要求他改变，站到自己的一边来。一般来说，这样做的效果微乎其微，基本上妻子都会感到失望，甚至绝望。后来，就想要逃避或者惩罚丈夫，带着孩子回娘家去，或者离婚，结束这段关系。妻子会想，换一个人，换一个家庭，也许就不是这样了。

如果我们的婚姻并不是真的走到了山穷水尽的地步，就先要给疾速行进的情绪列车刹住闸。想一想，我们指责和争吵的时候，其实都是在期望丈夫能够关心自己，跟自己在一起，而不是真心想要解散这个家。既然是想要维护这个家庭，不如来看一看，为维系和推进你和丈夫及其家人的关系可以做些什么。

与其争斗，不如告诉丈夫你在这个家里的真实感受。你的孤单与无助、你的难处，明确地请求他的支持，告诉他如何做才会让你感觉好一些，让他能够支持你，至少他不会与公婆一起去反对和攻击你。

"我发现你妈妈来了以后你对我很挑剔，可是以前你不是这样啊。你知道我在这个家里有多难吗？"某个晚上，一位多次尝试要求丈夫改变立场而屡屡失败的妻子终于跟丈夫表露了自己的心声。没想到，她丈夫的态度竟然缓和下来，不再像过去那样总是急于为他母亲辩护，而是认真地听了她的讲述。这成为改善他们关系的一个开端。

在这个关系中，还有至关重要的一环是你自己。一个女性，离开自己的原生家庭，与另外一个人结合，要与这个人的原生家庭相处，就仿佛从一个世界踏入另一个世界，她在这个过程里所经历的复杂情感难以用几句话说清。有的女性很难融入男方家庭，对别人的冷淡格外敏感，对方一旦表现得不是那么热情，立刻就觉得自己受到伤害了。她总是觉得别人不喜欢自己，并在生活的细节里去验证。婆婆只问候了丈夫而没有问候自己，做的菜是丈夫爱吃的而不是自己爱吃的，这样的事情太容易发生了，所以她总能找到证据，也因此总是生活在不受人欢迎的负面感受里。

一位在花钱方面缺少计算的女性嫁入了一个勤俭持家的家庭，她一开始非常不适应。婆婆来帮忙带孩子的那几年，她没少私下跟丈夫诉苦，婆婆总是买减价菜，用过的保鲜膜重复使用，她扔掉的垃圾婆婆又捡了回来……有一次，她需要给孩子支付一笔不小的学习费用，发现手头的钱不够，正发愁时，婆婆拿出了自己的三千元积蓄。她很惊讶，婆婆没有退休工资，怎么会攒下这些钱。婆婆说，都是从你们给我的生活费里省下的，省的就是挣的。那一刻，她感到羞愧，也在心里感激婆婆。

这种局面不是一开始就可以有的。作为年轻人，迈进另一个家的门，很多不接受，很多不懂得，只有放下敌意，谦虚下来，慢慢地观察、了解、学习，一点点适应，一点点改变，一点点融合。

融合的同时，小夫妻也要致力于去建设自己的家。多数的夫妻都处在从各自的原生家庭渐渐解离的过程中，男方家庭一方面还保留着过去的一些习惯，对你这个后来者有着本能的警惕，另一方面，所有人都无法阻挡一个趋势，就是一对年轻人最终要从父母的保护与约束中走出来，共同去建设属于自己的家。

男人经常会呈现一种想要挣脱父母的管束又力量不够的状态，这时候，如果有人能稍微给他一些鼓励和引导，他就会加速完成这个转变。当他又习惯性地维护公婆而牺牲了你的感受时，你除了表明委屈，也可以在适当的时候追问一下他当时的感受："当妈那样说你的时候你是觉得愧疚吗？你是觉得听妈的话就能让她开心吗？"慢慢引导他去倾听自己内心的声音，即我已经是一个成年人了，我想有自己的生活。

与男方家人相处的过程其实也是你和丈夫一起走向独立和成熟、共同成长的过程，如果你能这么理解，你就不会把注意力都放在别人对你不好的方面，而是努力地与丈夫的原生家庭融合，同时又坚定自己独立的步伐，经营好自己的小家。

敏感的婆媳关系

一个朋友曾跟我讲她跟丈夫一家人过年时的经历。一天，她听到婆婆嘟囔"儿子都是窝囊废"，正好奇时，婆婆可能意识到什么，一回头看见儿媳就在不远处，后半句咽了下去。倒是在旁边的丈夫了解老妈，接了下半句："媳妇没一个好东西。"

在很多家庭里，婆媳关系都是超级敏感的。婆媳之间的矛盾远远不同于与其他人的矛盾，它里面包含了很多明里暗里的争斗。其中，最主要的争夺对象是两个人，一个是男人，即婆婆的儿子、你的丈夫，表现在互相争夺这个男人的关注度，以及对这个男人的掌控权；另一个是孩子，婆婆的孙子或孙女、你的儿子或女儿，表现在争夺抚养孩子的主导权，以及对孩子的影响力。

两个女人的战争

婆媳间存在着性格的差异，以及家庭、地域和文化的冲突。

不过，这些矛盾也同时存在于我们和其他人的关系中，并非婆媳之间独有。为什么同样一个女性，作为母亲就好相处，作为婆婆就不好相处呢？反过来也是一样，同样一个女性，作为女儿好相处，作为儿媳就不好相处，那又是为什么？

有句话叫"多年的媳妇熬成婆"，这表明了历史上婆媳地位就是不平等的，婆婆和媳妇注定是彼此防范和斗争，甚至互相伤害的。在过去，女性没有足够的权力和力量去反抗外部社会，而是在内部互相厮杀。如今，女性在很多方面已经得到解放，外在的枷锁已经打破，可是内心的解放并没有完成，婆媳关系里的先天毒素依然浸染着家庭中的两代女性。

婆婆的一些做法不仅仅是因为思想观念不够开明，还有一部分是由于她正在经历的人生阶段。刚做了婆婆，她从过去全心全意地爱儿子，到要把儿子交给另一个女人。一个还不愿谢幕，另一个却已登台，不论是争夺男人的关注，还是争夺孩子的养育权，或是争夺家庭事务的管理权，两个女人的权力交接冲突总是难免，必会引发各自的情绪和伤痛。女人在相互竞争中还要处成亲人，真的挺难。

如果婆婆有发言机会，也许她会告诉你："你的丈夫现在是你的，可是在过去，尤其在他像你的孩子这么大的时候，他属于我。我爱他，像你今天爱你的孩子一样。虽然他有了你，但我依然不能停止对他的关心，他饥还是饱，冷还是暖，开不开心，幸不幸福……"

婆婆还保留着对儿子习惯性的宠爱，也有对儿子将要过上什么样的生活的担忧。如果小夫妻关系不好，婆婆常常会把儿媳当作那个来欺负他儿子的人看待，她要挺身而出，保护她的儿子。如果小夫妻关系好，婆婆受了冷落，她又会处于失落中，觉得是那个年轻的女人抢走了自己的最爱，她总是想要抢回来。太多的不舍、痛苦、不甘、怨恨、疑惧在心里翻涌。婆婆可能会对她的儿子说："唉，你娶了媳妇忘了娘啊！"这时候丈夫不想让婆婆伤心，会立刻改变立场，转而听从婆婆的话。做媳妇的气到牙根痒痒，觉得婆婆装可怜，心机深。可是在婆婆那里，这是她对自己失去儿子、失去地位、变得没有价值的恐惧，还有她对于正在经历的丧失的由衷哀叹。

我们今日为媳，他日为婆，恐怕只有到了当上婆婆的那一天才能真正体会做婆婆的心酸吧。

婆婆不是亲妈

我们理想中的婆媳关系，大概就是亲如母女吧。希望有一个像妈妈一样的婆婆，这是多少当媳妇的女性心中的期望，可是正是因为这个期望，我们才经历失望与痛苦。

婆婆和亲妈本身不具有可比性。在你问婆婆为什么不能像亲妈一样对待你时，你的婆婆也会在心里问相似的问题，为什么媳妇不能像亲闺女一样？你大概会为自己辩解，我没有在这个家庭长大，我不懂得你们的偏好，而且，你们是有血缘关系的，我和你们没有。婆婆也有着类似的理由。你和妈妈是母女关系，这个关系是任何其他关系无可比拟的。母女间经过长期相处，彼此了解，表达可以很直接，就算是有矛盾，也容易化解，而婆媳间缺乏信任的基础，生活习惯不同，沟通不直接，容易互相猜测，误解频生。

"在我们家，我妈做饭总是煲一大锅汤，可是我婆婆从来不煲汤，她说她不会。"一位新妈妈为此感觉婆婆不如亲妈好。而在另外一家，一位新妈妈则强烈地反感婆婆总是煲汤："天天喝汤，我都烦了，她为什么不能多炒几个菜？"我们习惯了自己的妈妈对待自己的方式，我们感觉舒适，可是婆婆的方式一定会和自己的妈妈不同。

婆婆不是亲妈，这是一个事实。接受这个事实，意味着我们不能想当然地按照妈妈的样子去要求婆婆，也不能想当然地认为，我把婆婆当亲妈一样对待，婆婆则自然会拿我当亲闺女。

放下找另外一个妈妈的期待，并且明确地知道，我嫁给一个男人，他有一个妈妈，我试着去接受这个妈妈，我知道，这个妈妈和我的妈妈是不一样的。当你把预设的标准放下，你就轻松了，更容易客观理性地看待和理解婆婆的行为。

冲突中的争与不争

即使我们放下了期待，婆媳间的相处还是非常具有挑战性的。在日常生活的磕磕绊绊里，双方都需要学会一些相处的技巧。既然冲突难以避免，不如学会用一些好的技巧来避免互相伤害。

一个婆婆对儿媳总是很挑剔，过节的时候，全家人出去吃饭，她说儿媳浪费钱，不会过日子；在家里做饭，她说儿媳不会做饭，不是个好媳妇。这让儿媳非常难办，后来这个儿媳总结出一条规律，只要是她做的决定，婆婆一定会说不好。这是怎么回事呢？她仔细观察，发现婆婆其实是在跟她竞争，婆婆似乎总是想要表明她做事比自己做得更高明、更好。媳妇没说什么，悄悄地改变了自己的决策和沟通方式。又过节了，她就先问婆婆，这次是出去吃还是在家吃？婆婆如果说出去吃，她就说好，全家人一起出去吃。如果婆婆说在家吃，她就说自己不太会做饭，大家别嫌她做的饭难吃。要是婆婆表示不用儿媳做饭，她来做，儿媳就给婆婆道辛苦，说婆婆做的饭好吃，以后跟婆婆多学习。这样一来，婆婆没什么可挑的了，得到了儿媳持续的肯定，她的攻击性就变弱了，后来，婆婆也愿意给儿媳一些肯定，不再总是挑理了。

这让人联想到一种叫合气道的武术，它的原则是顺应自然的冲击力，而不是与之对抗。当攻击者抓住你的手腕时，防御的方法是顺着同一个方向转，攻击者会因失去重心而丧失攻击性，在有效地运用攻击者本身力量的情况下，防御者便能轻易地避开伤害。这个儿媳用的沟通方法有点合气道的意味，既不逃避，也不是被动承受，而是顺势巧妙地与婆婆互动，将矛盾化解于无形。

我们也不要做无谓之争。有的人总是喜欢问丈夫："如果我掉水里，你是先救你妈，还是先救我。"对于男人，母亲和妻子在他的生命中是两个不同的角色，并不具有可比性。女人非要问男人更在乎谁，更爱哪一个，争个你高我低，男人夹在中间，无所适从，只能苦笑。如果你知道你和丈夫之间的夫妻感情是属于你们的，而他和婆婆之间的母子亲情是属于他们的，这两种感情是无法相互替代的，那么你就不会嫉妒婆婆与你丈夫之间的交流，不太容易起争夺的念头。你甚至可以支持他们母子之间多一些交流，让他们享受母慈子孝的幸福时光。这在客观上能帮助婆婆缓解焦虑。婆婆在情感上得到满足了，意识到自己的儿子并没有被抢走，只不过多了一个身份——你的丈夫，这两者是可以并存的，她也就不和你争了。同样，你也没有必要问孩子"妈妈好，还是奶奶好"，或者一定要证明你的育儿方法是优于婆婆的。

"我的婆婆有问题"

婆媳关系难处，除了我们前面提到的有历史、文化、家庭的原因，还有一点不能忽略，就是我们都是活生生的人，每个人身上都背负着自己的问题包袱。这些问题包袱到了人际关系中会以各种各样的面貌呈现出来，特别是在婆媳关系里，会显得非常具有个人色彩。

一位新妈妈把婆婆接到家里来，她像对自己妈妈一样对待婆婆，觉得相处肯定没有问题。可是过了一阵子，她发现，婆婆不但没有感觉到她的好，反而越来越不快乐，还在背后说她如何舍不得给婆婆花钱、嫌弃婆婆之类的话。后来发展到无论她做什么，婆婆都认为是她这个做儿媳妇的不怀好意，甚至对她说："我感谢你没有把我赶走。"

这位新妈妈努力调整与婆婆的关系，为自己的不恰当言语道歉，送礼物表达感激，但都无济于事。一天上班途中，她看到路边正卖一种孩子爱吃的面包，当即买了送回家去。没想到，在她开门递上面包的时候，婆婆大发雷霆，说儿媳妇是回去监视她的。这位新妈妈深感震惊："怎么会呢？她为什么对我如此不信任？"

这位新妈妈结婚没几年，婚后又不经常和公婆在一起生活，对于婆婆的性情和为人处世的方式不很了解。婆婆的反应总是与她的预期不符，面包事件发生后，她感觉自己对于婆媳关系的美好想象彻底破灭了。"每天回家都会犯怵，不知道开门之后面对的会是什么。"她陷入焦虑，不能自拔。

如果你是这位新妈妈，是不是也很委屈呢？是的，太委屈了。而且你会非常不理解，事情怎么会是这样？当婆婆负能量爆棚，思维消极，对周围的人不信任，与她相处起来确实不易，要吃很多苦头。

这样的情况不是孤例。有的家庭怕婆媳不好处，专门请女方的母亲来帮忙带孩子，可是如果女方的母亲也像这位婆婆一样背负着很严重的心理包袱，情绪不稳定，充满攻击性，恐怕也一样不好相处。

分清别人的和自己的问题

有的新妈妈说，我的婆婆有心理问题，你能不能给治治，让她改变？坦率地说，单独去改变婆婆，很难做到。而且，即使能做到，婆婆一般也没有这个意愿。恐怕要让大家失望了。

那面对自身带着心理创伤或问题的婆婆或者母亲，是不是只有消极忍耐了？也不是。如果遇到上面提到的这种婆婆，又不得不在一定的时间里相处下去，有一个关键的地方要把握住，那就是分清什么是别人的问题，什么是自己的问题，不要随便把别人的问题拿过来自己背上。

生活中我们特别容易卷入到别人的问题里去，与之纠缠在一起，这正是我们受苦的一个重要原因。这种纠缠是怎么发生的呢？其实与我们自己有关，我们都很容易在婆婆那么不快乐而且在私底下说自己不好的时候，感觉非常委屈和愤怒。如果我们在这个时候接招了，就意味着我们已经卷入了婆婆的问题里，而且受伤了。

要想避免受伤，一个重要的前提是能把别人的问题归别人，自己的问题归自己。

"这太难了！"一个妈妈说，她做不到，难道别人指责你的时候你会没有反应？

确实，做到这样不容易，我们也不能要求年轻的妈妈们一定要做到，但是如果我们能在那个瞬间停一秒，那是有可能做到的。停一秒，不被婆婆当时的情绪冲垮。停一秒，不急于说话和行动。只是停一秒。可以做到吗？多数人都说，能做到。

停一秒，是让我们稳住，从那个自动化卷入中跳脱出来，有时间去想一下，哇，婆婆曾经的痛苦又出来了，她需要释放她的紧张不安，她可能误解我，但我不必急于说什么或做什么，我先停一秒。我要清楚，这是婆婆的问题，婆婆的归婆婆，不要成为我的问题。

当我们能够做到停一秒，之后可以练习停三秒，做几个深呼吸，让自己安定下来。

利用这个停顿我们转换一下思维，脱离那种被攻击之下的受害者的状态，去观察和理解对方是怎样的状态。如果你再深入练习，可能会生出对婆婆的同情和理解，而不是像过去那样，简单地以为她在挑剔和刁难你。

以上面缺乏安全感的婆婆为例，其实，这位婆婆不仅跟儿媳相处是这种状态，跟其他人的相处也是一样。她经常觉得别人嫌弃她，为此私下难过，然后就变得很有攻击性，跟人发生冲突。原来，她从小被寄养长大，看别人脸色生活。她总是觉得自己不被人喜欢，生活在恐惧、不安、愤怒和怀疑当中。当她来到儿子家里帮忙带孩子的时候，她深藏的恐惧以怀疑儿媳妇对自己不好、讨厌自己、监视自己的方式表现出来。

当我们了解并理解到这个婆婆的人生故事时，就知道她这大半生过得多么辛苦。看到她所受的苦，我们就能理解，这是婆婆一直以来所背负的伤痛，她还没有从中解脱，还在受苦。在婆媳这种本来就很容易对立的关系中，儿媳的一举一动都有可能让她觉得紧张不安，即使是对她好，她也很难轻松地接受下来，她更容易朝着别人不接纳、不喜欢她的方向去想问题。在她习惯性地这样想，甚至为此攻击别人的时候，她其实是痛苦的，她那样做并不是真的充满恶意，也绝不意味着她认为儿媳不好。

你的问题你自己负责

"那我一时做不到，我还是会受伤的。"妈妈们非常清楚，这是需要持续练习的，在没有练好之前，她们对如何保护自己和如何继续与这样的婆婆沟通心怀恐惧。

确实，你可能会受伤。如果你感觉受伤了，那么，你需要疗愈自己。

"我婆婆老是指责人，我一跟她在一块儿心情就不好。"以这样一句平常的话为例，其中我的问题是"心情不好"，婆婆的问题是"指责"，当一个与婆婆终日生活在同一个屋檐下的女性把自己心情不好的责任全部归因于婆婆的指责时，那么她的不快几乎是必然的。

婆媳在互相指责抱怨的时候，喜欢把对方描述成一个古怪的、刁钻的、小气的、顽固的、恶劣的、没有教养的、习惯不好的、不可理喻的人，而自己正深受其害。她们在各自的世界里制造并放大了不被爱的感受和信念，以致矛盾愈演愈烈，最终认定了对方这个人就是不好，或者她对自己就是不好。这就像一出戏里的两个女人，她们都在扮演受害者，而且演得极其投入。

实际上，婆媳双方可能都是自我价值感很低，时常处于自卑、愤怒、痛苦中的人。如果一个女人不能接纳自己，在婆媳关系中会很容易感到不被尊重、被排斥和孤立。这种受害者意识使我们自认为是牺牲者，把精力消耗在抱怨上，久而久之就变成了一个真正的受苦之人。

尽管我们都不想受苦，但扮演一个受害者往往要比自己去承担生活的责任容易得多。如果我们沉浸在受害者的戏码中，欺负与被欺负、攻击与被攻击、排斥与被排斥这样的剧情就会持续地上演。

然而，我们还有别的选择。一个总是觉得婆婆在指责她的儿媳有一天终于意识到，婆婆爱指责人，这其实是她一直以来的一个习惯，甚至，婆婆是在通过指责别人来体现她的价值，找存在感。婆婆选择指责、沉默或是欣赏，这是她自己的事情，而我们对此的感觉却是我们自己的事情。并不是每个被婆婆指责的儿媳都会觉得自己做得不好，有的会认为是婆婆在指导自己，有的会认为婆婆不过是发发牢骚，跟自己关系不大。理解不同，感受就不一样。

如果你在被指责的那个瞬间感觉受伤，有可能是你过去的伤疤被揭开了。比如你其实一直都对别人的指责非常敏感，你一直需要认可，却感觉总是得不到。当一个容易指责他人的婆婆出现在你的家里，你真的会很难。我们常常不愿意去承认那个伤口源于自己的内在，而是非常愤怒地把矛头指向婆婆，认为她有问题。

其实，这时候是观察自己的好时机，去看一看自己容易对什么问题起反应。

如果我们把全部的注意力都放在婆婆有问题这个推断上，就等于宣告了这个问题无解。可是如果我们能接受婆婆确实背负着她的人生议题这个事实，并在她刺激我们的时候看到自己的问题并去解决，那我们就把问题变成了机会。

我以前与人发生冲突，感觉非常受伤，总觉得对方应该向我道歉。多年以后我明白了，就算当时对方做得不恰当，其实，受伤的感觉是自己的，如果自己要走出来，负责任的那个人应该是谁呢？是自己。假如我们说，你道歉，我就会好了，我们就把权力给了别人，可是我们要过什么样的生活，真的由自己决定。

也有的人是因为过去从来没有与某一种类型的人相处的经验，一下子被对方的攻击伤到了。如果你是一个在温和的家庭中长大的女性，面对婆婆的强势攻击可能显得非常无辜和无助，这种阵势你以前是没有见过的，也不知道如何处理。那么你的功课就是在这个环境下去学习。面对一种全新的挑战，你有很多种选择，你可以选择生气、郁闷、压抑、忍耐，你也可以选择学会吵架，去战斗，成为跟对方一样的人。在你经历了这两个极端之后，你可能就慢慢地学会了接受，接受对方原来是这个样子的，接受我们在一起的生活是这个样子的。你看到别人表达愤怒的方式，但你并不一定要学对方的样子，你会想，我如何可以把更好的方式带给这个家庭呢？有一天，你终于学会了既好好说话又能坚定地表达自己的立场。

初为人母，与一个或几个不太容易相处的家庭成员在一起，这会是一个持续接受挑战和学习的过程。如果你能做到分清别人的问题和自己的问题，你就已经为保护自己设立了一道屏障。同时，不要把"我的婆婆有问题"当作一个借口，因此不去面对自身的问题，或者故意疏远对方。其实我们都一样，也背负着创伤，也会制造麻烦，让别人成为那个承受者。重要的是，每个人都要自己对自己负责，而不要把别人的问题拿来当作自己的问题。

还要补充一点，现实中确实存在一些有着明显的人格障碍或心理疾病的人，如果她恰好是你的母亲或者婆婆，那么她可能不是那个能够帮助你带孩子的良好人选，你在一开始的时候就要慎重考虑。如果你在中途发现了情况不对，而你又一时无法应对，那么彼此分开也未尝不是一个好的选择。

第七章

与自己父母的关系

当自己的父母来帮忙带孩子时，你仿佛回到过去，又惊觉不是从前了，你们之间的关系也会面临考验，而且这里面隐藏着难得的疗愈契机。

我一家子，丈夫一个人

如今，女方父母帮忙照顾月子和带孩子的现象日益增多。在过去，嫁出去的女儿泼出去的水，照顾女人坐月子、帮忙带孩子主要是婆家的事。现在，人们已经从这个观念里走出来了，女儿即使嫁人，也还是自己的女儿，在她生儿育女的关键时刻，做父母的既高兴，又不忍心看女儿一个人受苦受累，不仅不会置身事外，还会主动伸出援手，甚至比男方家人更多出一份心疼。

做女儿的也倾向于让自己的父母来帮忙，主要是因为跟自己的父母相处起来更容易。"我妈在的时候我就轻松很多，说话不需要前思后想的，偶尔还可以撒个娇、耍个赖，跟婆婆就不行了，我要小心翼翼地。"一位新妈妈说出了她的真实体验。

跟自己的父母在一起，特别是在自己脆弱无助、需要照顾的时候，我们仿佛又回到小时候，成为那个被父母宠爱呵护的小姑娘，这种美好的感觉大概我们一生都不想失去。

丈夫的感觉可就不同了。有了孩子以后，好多男人"加班"的时间变长了。女人在家苦等男人回来，男人在外面左右徘徊，迟迟不归。

一个 2 岁孩子的父亲主动提出了离婚，理由是："我要自由。"自由？难道他不自由吗？刚刚听到这个理由的时候，他的妻子非常不解，因为她从来没有限制过丈夫的自由。

经过反复探询，这个男人终于说出一句"这个家已经不是我的了"。大家才了解到，原来这个男人觉得，女方一家人入侵了他的家。每日里妻子批评、岳父母唠叨，起初他还是努力忍耐，到后来，他再也不想待在这个家里了。

妻子没有想到，在她恣意享受与父母团圆的美好之时，丈夫的感觉竟然那么糟糕。她也感觉气愤，"我的父母牺牲了在老家的自在生活，来到我们家，又是带孩子，又是买菜做饭，难道只是帮我吗？这也是在帮他呀！说他几句怎么了，难道不是为了他好吗？"她小心翼翼地不让父母知道丈夫所说的理由，因为那会让他们感到深受伤害。唉！真觉得丈夫白白辜负了自己家人的一片好心！

对丈夫的感受没有觉察

当妻子的父母进入小家庭，妻子的背后就有了支持，妻子与自己父母的关系浑然一体，而与丈夫的距离却在无形拉远。而且，在父母来了的同时，也会带来相关的人与事。妈妈会来找你诉苦，弟弟过来跟你借钱，外甥要你帮忙找工作，如果你的原生家庭关系紧密，遇到事总是全家总动员，这就会让你现在的小家庭里充斥着你们家族的大事小情。你的丈夫，他如果不是与你的家人有很好的感情基础，非常自然地融合在一起的话，他会有强烈的不舒服的感觉。

对于男人的不舒服，女方一家人常常没有什么感觉。如果是结婚不久，女方父母会或多或少带着对男方的审视态度。一家人把很多理想的期待一股脑地压到年轻的丈夫身上，对他有很多的要求。如果妻子这时和她的丈夫有矛盾，女方家人很容易在男人的某些缺点上达成共识。妈妈说："你老公回到家就进屋躺着去了，也不知道搭把手。"你可能会继续补充："他就是懒，从来不知道主动帮我。"时间久了，通过议论自己的丈夫，你和父母产生了共鸣，感觉紧密，而丈夫会感到压力，觉得被排斥了。

在多数情况下，妻子和其父母并没有要排斥、孤立丈夫的意思，问题出在妻子一家人情不自禁地融为一体的时候忽略了丈夫的感受。毕竟人多，意见汇聚在一起就会发生一些微妙的反应，在丈夫的感受中就变成另外一回事了。如果再加上两个家庭天然的文化和地域等方面的差异，丈夫就更会觉得不能相融。

对于这些，妻子往往不去细想，即使有时候觉察到丈夫的不快，也采取忽略的态度，觉得丈夫不会为这类小事计较。不得不说，妻子对于丈夫的感受是缺少洞察的，还沉浸在自己的世界里，以自己的想象去理解丈夫。甚至，妻子一家人都处在这种状态里。这与实际的情况相去甚远。丈夫也是人，也有自己的感受和情绪，只是他们更习惯于表现得宽容大度，不喜欢表达自己的不痛快，特别是家庭琐事，更不愿意也不屑于说出来。当他们提出的时候，往往已经是到了忍受的极限了。

你是女儿，更是妻子和母亲

当自己的父母来帮忙的时候，不论是老人还是自己，都会带着我们又可以在一起的期望，可是我们需要从回到旧时光的幻想中清醒过来。

你要接受一个事实，即虽然在父母面前，你还是他们的女儿，但你已经是成年人，一个有着自己独立家庭的人。你已经成为一个男人的妻子、一个孩子的母亲。你现在的主要任务是和你的丈夫一起来经营属于你们的家庭，抚养你们共同的孩子，而不是在父母膝下承欢。

从你做起，回到自己的位置上，不要在该扮演妻子和母亲的时候还在充当女儿。当你归位了，你的父母也就不那么容易卷入到你小家庭的纠葛中来。当你的妈妈又对着你批评你的丈夫"也不知道搭把手，真够懒的"，你如果还是那个指望妈妈给你做主的小女孩，你自然就会诉苦，可是你是你丈夫的妻子，还是孩子的母亲，你就可以说"他上一天班累了，等他休息一会儿，我会叫他来帮我的"。这样，你就把属于夫妻二人的问题自己去解决，你的妈妈虽然担心你受累，但看到你有能力处理，也就把心放下了，更不至于替你打抱不平，去找女婿的麻烦。

自己与丈夫有冲突，最好能在夫妻之间解决，这样就不会轻易把问题扩大化。你们直面的沟通更容易增进夫妻间的理解，也不至于把老人牵连进来。（当然，家暴等特殊情况除外）如果我们想要去依靠父母解决问题，无形中就引入了外部力量，尽管没有人是恶意的，但往往会造成无中生有、小事变大，没有任何一方是舒服的。

在尊重边界的前提下，如果你能引导丈夫更多地与你的父母彼此融合，那是最好不过了。当你的丈夫回到家里，一个人坐在沙发上，而你的父母正忙碌着，最好不要去责怪你的丈夫，而是去找一件他能做的事，邀请他来参与。

有的时候，自己的父母与丈夫之间出现摩擦，你夹在父母与丈夫之间左右为难。尽量克制一下本能地想要维护父母、打压丈夫的冲动，站在中立的立场上去帮助他们互相理解和沟通。你不需要去当裁判，说谁是对的，谁是错的，你可以去倾听每个人，帮助他们明白彼此行为背后的善意。

一位新妈妈的妈妈爱整洁，丈夫却是个不拘小节的人，因此，妈妈和丈夫之间因为东西的放置没少起冲突。她一开始批评丈夫，让他改变，却发现丈夫不但没改，还跟她对立起来了。她又去说妈妈："我老公从小没养成好习惯，你就别老是说他了。"妈妈闭了嘴，可是她郁闷。有一天，一家人一起聊天，又说到卫生习惯上来。她这一次没有批判任何人，只是问："妈，您总是想让家里整齐干净，觉得那样才舒服是吗？"妈妈愣了，说："难道不是吗？"她又问："老公，你觉得怎么样舒服？"丈夫说："家里弄得太整齐、太干净了，我鞋不敢随便脱，沙发不敢随便坐，其实我不舒服，我就希望回到家能放松一点。"妈妈沉默了，过了一会儿说："沙发不是不可以坐，只是不要把袜子随便放。"丈夫不好意思了，说："以后袜子我收走，那我把沙发套坐歪了您可别说我……"就这样，一家人在讨论中互相理解了彼此，各自做出妥协，找到了他们共处的方式。

与父母关系里的伤痛和治愈

尽管比与男方父母相处更容易，新妈妈与自己的父母相处时同样也会遇到问题。"念书的时候妈妈就总管着我，如今她还是那样。我想怎么弄孩子，她偏不同意。"一位新妈妈在结婚五年以后才有了自己的宝宝，这五年期间，她一直在向丈夫抱怨公公婆婆不够好。她觉得自己的父母一定会很疼人、懂礼、慷慨、周到，相处起来也会是一团和气。可是，当她和自己的父母住到一起后，她发现，实际情况并不理想。"其实是因为跟公婆关系不好处而过度美化了与自己父母的关系"，她说。

另一个新妈妈说，当她看到自己的孩子，爱就会涌动，就想要把世界上最好的东西给孩子。但同时，她立刻会有一种不平的情绪升起，因为她想起了自己小时候。那时父母整天忙碌，没有时间陪她，每次放学回到家里都是冷冷清清的。如今，看着自己的孩子，心里会有一种想要指责父母的冲动。

如果说，与公公婆婆相处的主要难处在于对另外一个家庭的理解与包容，那么，与自己父母相处的难处主要来自我们一直未了的情结。那位总是受到父母批评的新妈妈，她还没有真正从父母的限制里挣脱出来，她在努力地反抗，就像她还是个少女的时候，想要为自己赢得空间，却总是被父母压制住。而那位总想要指责父母的新妈妈，其实她在内心一直觉得自己没有被很好地照顾，父母是不合格的。

我也曾被这样爱过

在处理与自己父母的关系方面，我有亲身的体验。我与母亲有过很多争执，我们两个都想表明自己的选择才是好的。她总是说我太倔强了，不够听话，而我却越来越逆反。后来，我慢慢理解了。当母亲总是认为自己是对的、孩子是错的时，孩子会有很多被母亲否定的经验，就会起反抗心，想要证明自己并没有错。我懂得了自己为什么成为母亲眼中那个倔强的、不听话的孩子。

在母亲来帮忙带孩子的时候，我们之间仍然会起争执。不过我更加好奇母亲，想知道她为什么总是要坚持她是对的。有一天我们回忆起各自的出生。母亲说："你姥姥生下我的时候已经四十多了，看我又是个女孩子，她不想要我了。有人来串门，劝她，给我喂了点糖水，我才活下来。"母亲说这话的时候，语气是平静的，但是这无法掩饰她的哀怨。在那一刻，我忽然理解了母亲为什么总是要证明自己是对的。一个生命来到这世上，不被接纳，那会带给他怎样的愤怒与悲伤。她在用她的一生向人说明，我没有错，我值得活下来。从那以后，我不再跟母亲在事情本身的是非对错上纠缠，而更愿意听一听母亲的表达里有什么地方是可接受的。

在孩子刚出生的时候，我搂着孩子，看着她的小脸，心中有无限的柔情，强烈地感觉到母爱的滋味。有一天我忽然想到，其实我在像我的孩子这么大的时候，也曾经被这样对待过。我仿佛看到小婴儿时的自己被母亲同样深情地抱着，温柔地注视着。

人的记忆很有趣，一般只记得三岁以后的事，而婴儿时曾经被深爱过的时光，却很少有人记得。

"你跟着姥姥去了乡下，一走就是三个月。我想你，骑着车去看你。"当我再一次听到母亲讲起这些往事，忽然感觉到那里面是一个母亲对孩子的思念，充满像我一样的对孩子的爱。可是多少次，我只想那是她抛弃了我，想不到她是如此在意我的。

这个感觉对我有着特别的意义，因为我终于意识到，母亲是爱我的。这不是头脑中的理解，而是我发自内心的体会。

今天，我依然能感受到来自母亲的注视，一如当年。我这样注视我的孩子，我的母亲也曾这样注视着我。

很多新妈妈都有类似的体悟：在做了妈妈以后才获得了与母亲重建关系的机会，能用新的眼光去看待母亲，理解母亲，体会到她当年为养育自己曾经历过怎样的艰辛。

人们在与父母的关系中体验到的被忽视、被抛弃、被不公平对待的确让人痛苦，但如果能够理解当年的父母，不再在父母曾经对我们犯下的错误上面纠缠，与父母的关系就到了真正改变的时候了。这就是所谓的原谅与放下吧。

当然，我们也需要原谅自己，原谅自己曾经对父母怨恨，曾经做出伤害他们的行为，曾经给他们带来压力和痛苦。

至此，生命似乎完成了一个轮回。正如诗人所说："生命原是要不断地受伤和复原，世界仍然是一个等待我成熟的温柔的果园。"

让痛苦在这里终结

我们原谅，不仅是原谅别人，更是放过自己。做了妈妈以后，原谅就更多了一层意义。它不仅是为我们自己，也是为了下一代。

父母当年不能为我们做到的，正是他们曾经在年少时在他们的父母那里没有得到的，他们在我们身上所犯的错误，很可能正是当年他们的父母在他们的身上犯过的错误。

还是说说我的例子。一次饭桌上，母亲说起她小的时候姥姥如何骂她，她的话引发我的共鸣，我情不自禁地说起我小的时候她如何骂我。忽然，母亲起身跑到厨房里去了。我感觉不对头，追过去一看，母亲正在悄悄地抹眼泪。我明白，在母亲的心里，她并没有那样骂过我，当我说出那些话时，她觉得震惊，她一颗爱孩子的心受到了伤害。

可是我说的是真的。当年母亲骂我其实是无意识的，她完全不知道她把自己所受过的被骂的苦传递给了我。

我也一样。我其实也会骂孩子，自己缺少觉察，心里还以为自己是个亲切和蔼的好妈妈。直到有一天，孩子说："妈妈凶，我讨厌妈妈。"我才意识到，也许我在重复母亲带给我的那些经验。

很多东西是一代一代传下来的，在无形中存在着，虽然我们有时意识不到。

作为妈妈，我们不想让孩子受同样的苦，于是，我们想要终止这种传递。

这对于做妈妈的大概是最难的。你明明受过上一辈带给你的苦，你要保护你的孩子，你要把这些痛苦留给自己来消化。

我看到，初为人母的女性成为最有动力的成长群体，因为她们心中有爱，想要给孩子比自己更好的童年。"小时候妈妈没时间照顾我，我感觉被忽视，现在，我不要孩子也去经历那种被忽视的痛苦，我会尽量多陪他，把他的生活打理得好好的。"每当听到妈妈们这样说，我都会感动。

这种为避免自己童年时所受的苦在孩子身上再现的努力有的时候也会导致妈妈们走向反面，一个非常想要很好地照顾孩子的妈妈可能过多地在孩子身上用心，反而让孩子有一种被控制的感觉。当告诉妈妈们这一点时，她们又惊呼，那不是我的本意，我是要爱孩子的，为了孩子，我再一次改变我自己。

妈妈们身上这种为孩子而努力付出和改变自己的勇气真真让人敬佩。爱的本能让妈妈们成为苦难的终结者。

回头再看一看父母，他们正在老去。他们把儿女养大，现在又要帮忙养育下一代。看到这些，我们只有感恩。

第八章

帮忙
带孩子的老人

老人普遍参与带孩子，这是
一个值得关注的社会现象。
老人确实帮助年轻人完成了
养育下一代的任务，但也承
受了他们在这个年纪不该承
受的压力与负担。

老人带孩子

如果你在上午九十点钟或下午三四点钟去小区花园，你会发现成群的婴幼儿在晒太阳、玩耍嬉戏。再一看，扎着堆儿带孩子的大多都是老人，年轻人很少。再观察一下身边的家庭，十个家庭里有七八个都是老人在帮忙带孩子。

中国的大城市里出现了一批为了帮助儿女带孩子而从各个地方聚集来的老人们，其中女性居多。他们成为城市里新的族群，被称为"老漂族"。

对于帮忙带孩子，老人是有内在动力的。老人有时候比年轻人更盼望孩子的到来，当上爷爷、奶奶、姥姥、姥爷，看到后代传承，这是人到了一定年龄本能的心理需要。能与儿女子孙在一起，享受天伦之乐，老人的内心有着无比的甜蜜与幸福，如果还能帮上年轻人的忙，他们更会感觉到自己是有价值的。

但这并不意味着老人在带孩子的时候没有其他想法。

"我太想离开北京了，回我的老家去，可是我不能啊，我要是走了，谁来帮女儿看孩子？"一位来自陕西农村的老太太诉说她的苦恼，然后告诉我，这样的话她不能讲给女儿听，只能说给外人，说出来舒服一点。

老人带孩子时确实有心酸的一面。上了年纪，从一个地方到另一个地方，与年轻人生活在一起，饮食习惯、作息规律、沟通方式等各个方面都需要用很大的气力去适应。在家庭事务的管理上，老人也会变得敏感。到了晚年，面临就业机会和经济收入的减少，有的老人感觉自己成了儿女的负担，即使在帮助儿女带孩子的时候，也会有被嫌弃的担忧。现在儿女是家庭的中坚力量，而他们只是外围的协助者，显然已经不再是核心了。老人一方面要贡献自己，另一方面又不能像过去那样理直气壮地当家作主了。有带孩子的老人自己编了个顺口溜："是主人吧，说了不算，是客人吧，啥活都干，是保姆吧，一分不赚。"从中你可以体会到老人在带孩子时的尴尬处境和复杂感受。

多样的家庭组合

和老人们深入交流就会发现，老人帮忙带孩子，各有各的具体情况。

根据老人是否有意愿帮忙带孩子和是否实践了这个意愿，可以看到这样几类老人：第一类是给予型的老人，他们从心里想帮助儿女抚养孩子，愿意奉献自己的晚年；第二类是纠结型的老人，他们在内心觉得儿女应该自己带孩子，不想管了，但是看到儿女实在太需要人手了，经济上又有压力，如果不帮情理上说不过去，还是去帮了；第三类是独立型的老人，他们没有意愿帮助儿女带孩子，也尽量不这样去做，他们要过自己独立的生活；第四类是憋屈型的老人。他们很想帮儿女带孩子，但是儿女不喜欢长期和老人住在一起，宁可雇保姆或自己带。

实际生活中还有另外一种情况，就是有的老人是需要依靠年轻人来养老的，他们与儿女居住在一起，顺便帮忙带孩子，这与老人个人的意愿没有关系，更多的是客观条件决定的，可以称之为依附型的老人。

相应地，年轻人也会有不同的动机和选择。第一种是依赖型。有相当数量的年轻人，虽然已经结婚生子，但还没有真正独立，还在依赖老人，在养育孩子这件事上也不例外；第二种是无奈型。有一些家庭，经济条件不理想，或者老人的健康状况不佳，年轻的父母虽然并没有独立的想法，但不得不靠自己；第三种是独立型。这样的年轻父母有独立的心态和能力，轻易不会占用老人的时间和精力，在确实人手不足的时候，有可能提出请求，让老人来帮忙，但他们不认为老人有义务帮助他们；第四种是勉强型。这类年轻父母并不想要老人来帮忙，他们宁可自己受累或雇保姆，但由于经济原因或当地的风俗习惯，又不得不接受老人的帮助。

帮助带小孩的五种类型老人

给予型　　纠结型　　独立型　　憋屈型　　依附型

四种类型的年轻人

依赖型　　无奈型　　独立型　　勉强型

　　由于老人和年轻人各有各的具体状况，组合起来就出现了五花八门的家庭现象。我们随便来看两种组合：一位新妈妈怨恨她的母亲。"我一个人带孩子，累得要死，我妈就是看着不管，她退了休没事干，天天去跳广场舞。"她觉得母亲很冷酷，在关键时刻怎么就不能帮自己一把呢？这就是依赖型的年轻人碰到了独立型的老人。

当依赖型年轻人碰到独立型老人

　　另一位新妈妈，从怀孕起就让母亲来帮忙，而且，她一直很享受这种安排，觉得这是一个两全齐美的选择。直到有一天，她听到母亲在背后跟别人抱怨，说在城里遭罪，还说自己被当成保姆用。她当时很惊讶，后来明白了，母亲表面上说支持她，也真的做到了，可在心里是想过自己的生活。这就是依赖型的年轻人碰到了纠结型的老人。

老人与子女在一起相处得如何，要看双方的匹配程度。什么情况下双方都会感到比较好呢？就是当他们的观念正好互补或者一致的时候。比如渴望依赖的年轻人正好碰到渴望付出的父母，他们正好组成一对。或者，想要独立生活的年轻人正好遇到讲求独立的老人，他们也可以相安无事。

过渡时期的选择

有人对老人帮忙带孩子提出了诟病，为什么国外就不需要老人带孩子，我们中国人就非要老人来帮忙？是不是中国的年轻人过于依赖，不够独立？

其实，并非外国的老人就完全不承担育儿的任务。在世界各地，在相当长的历史时期，长辈都是非常重要的育儿帮手。如今，虽然人们追求过各自独立的生活，但长辈协助抚育孩子仍然不是只存在于中国的个别现象。

现如今，中国这么多数量的家庭都选择了让老人帮忙带孩子，这与我们的文化传统、时代特点、经济发展水平以及每一个个体的具体情况直接相关。

中国历来有几代同堂的家庭模式，到了现在，这个模式依然广泛地存在，老人本能地会想要带孙子，儿女也会想着要把带孩子的任务交由老人分担。尽管这个模式早已被打破，人们在探索如何可以过上独立的家庭生活，可是独立并不那么容易。对于当前的多数家庭，买房子、看病、找工作往往都是举全家之力，带孩子这样一件给整个家庭带来人力物力持续挑战的事情，年轻人在有限的条件下独立担当其实很困难。此时，如果老人的身体尚可，让老人来帮忙带孩子就再自然不过了。而且，亲人之间这种天然的信任是对保姆这样的外人来说不可比拟的。可以说，"老漂族"现象反映着中国人普遍的家族观念，也是在社会快速发展的背景下人们自发找到的应对解决之道。

但是，这并不意味着年轻人就应该依靠老人来完成养育孩子的任务。不论是对于家庭，还是对于社会，老人分担带孩子的重担，都是一个过渡时期的现象，并不是长久之计。就拿依赖型的年轻人和给予型的老人的组合来说，老人全力相助，年轻人也享受其中，看上去父母慈爱，儿女无忧，一个大家庭其乐融融。这样的家庭会经历几年感觉比较幸福的时光，但他们的问题常常在几年后显露出来。老年人会在筋疲力尽的付出之后感到心力交瘁，觉得年轻人扶不起来，而年轻一代也会在长期的依赖下得不到锻炼，真的直面社会压力时陷入焦虑。这其实是分化得比较晚的家庭，短暂的和睦延迟了年轻人走向独立的进程。

也许你是出于无奈才让老人帮忙，也许是老人主动奉献提供支持，不论是出于什么情况，作为年轻的父母，我们最终是要独立去承担养育儿女的责任的，而老人应该去过真正属于他们自己的晚年生活。

我认识一位女士，她自己带大了三个孩子，现在孩子们都有了自己的孩子，工作很忙，就想要她去帮忙带孩子。她对女儿说："我带孩子的任务已经完成了，现在该你来完成你的任务了。你忙不开的时候我可以帮你，但是你要知道，我只是在帮你，不能代替你。我也不能总是帮你，我还有我的生活。"她不但自己讲求独立，还把独立的思想传递给下一代。

你在多大程度上是独立的呢？不妨给自己的独立能力打打分。如果你完全地依赖老人，你需要他们在经济上或人力上的支援，甚至代替你去承担属于你的家庭责任，在他们面前你感觉自己还是个孩子，那么请打 1 分。如果你完全不依赖，你在经济上是独立的，你能为自己的家庭做决定，你可以让老人去享受他们的晚年生活，而他们需要你的帮助或依附你时，你也可以提供支持，请打 10 分。

同样，你也可以给自己的独立意愿打打分，看看你在多大程度上想要独立。如果你想要完全依赖父母，请打 1 分，如果你想要完全独立，请打 10 分。

关注老人的感受

尽管老人在带孩子的时候有着各种各样的苦恼，但是，他们常常隐藏自己的需要，总是对儿女说："如果你们需要我……"看着孩子们整天忙碌的样子，他们不敢诉苦，也不忍心离开，而且，还有对孙子辈的感情牵绊着，不能撒手。有的时候，老人可能用一种变相的方式来宣泄压抑的情绪，比如骂孩子、老两口互相指责。

对于这些，新妈妈们往往无暇顾及。有了孩子，妈妈们的注意力都在孩子身上，对父母的关心少了，要求变多了。年轻人还不能理解人在年老时那种力不从心的感觉。孩子小，成长速度极快，精力在一天天增长，老人呢，在一天天衰老，孩子要跑要跳，老人有时候追赶不上，时刻提心吊胆，担心孩子的安全。还有他们在生活方面有那么多的不适，他们不说，我们就以为从来没有过。我们正处在慌乱中，只想着老人赶紧来帮我，却照顾不到老人诸多细微的需求，哪怕曾经是很细心孝顺的人，在这种时候也变得粗心起来。

需要老人帮忙带孩子的年轻父母，应该多多关注一下老人的感受和需要。

在请老人来帮忙之前，详细地询问他们愿不愿意，有没有什么顾虑，对于饮食起居有什么要求。老人初来，问问老人适不适应，习不习惯，愿不愿意久呆，多长时间安排休息是合适的。平时经常询问一下老人真实的需要，问问老人日常生活感觉如何。

如果你发觉老人有情绪，不要忽视。一个新妈妈在月子里生母亲的气，因为她看到母亲干活既不麻利，又显出一副忧心忡忡的样子。后来她才了解到，原来母亲的心脏不太好，老毛病又犯了，不敢告诉她，勉强支撑着照顾她坐完了月子。

在最艰难忙乱的时候，如果能得到老人的支持，这是幸福的，别忘了把你的感激表达给老人。还有孩子，画一幅画，唱一首歌，做一个手工，都能让老人很开心。

这也是你们加深彼此了解和理解的日子。如果可以，问问老人出生和成长的故事，了解他们是如何长大的。聊一聊他们年轻时候的事，他们经历了哪些艰辛，老人一般都很喜欢这样的聊天，他们的情感能够得到释放，而且你们会看到一些在家族中传承的东西，让你们有深深的联结感。

老人带孩子的方式我不同意

两代人共同育儿，会发生很多碰撞，人们谈论最多的就是育儿观念和方式上的冲突了。

妈妈们经常会在一起吐槽老人带孩子的各种现象，诸如老人总是给孩子穿很多衣服；不带孩子去户外活动，就让孩子在家看电视、吃零食；替孩子做事，对孩子说"你不会""你不懂"；孩子碰到桌子时，踢桌子，骂桌子坏，把孩子逗笑，却不告诉孩子以后怎么避开危险；追着孩子喂饭，还说"你要是不吃饭，我就不喜欢你啊"，等等。

一位妈妈说，她既需要婆婆帮忙带孩子，但又不认同婆婆带孩子的方式，每天都处于焦虑中。"婆婆说一口方言，孩子也学会了。他以后上幼儿园，会不会被小朋友笑话啊？而且，婆婆什么都不让孩子做，孩子的动手能力很差。"她多次跟婆婆提议，在家带孩子的时候说普通话，尽量让孩子多动手，可是婆婆并不接受，后来干脆说："你嫌我带得不好，你自己带吧。"

还有冲突更激烈的。一个来访者说她根本无法和婆婆一起来带孩子。她举了个例子，她要让刚出生的孩子侧卧睡觉，因为她听说，这样可以防止孩子溢奶而导致窒息。她的婆婆却坚持要让孩子平躺，说那样才能睡个好看的平头。她把孩子侧着放好了，过了一会儿，她发现不知何时孩子被婆婆弄成平躺了。她又给孩子侧过来，过了一会儿，同样的情况又发生了。终于，她怒不可遏，大喊："你难道想让我的孩子死吗？"

具体问题具体分析

关于带孩子的方式，有没有一个标准的正确答案？如何既能得到老人的帮助，又能避免一些老人可能犯的错误？当老人的做法不当的时候，到底应不应该跟老人提意见？是当面反对，还是忍着不说？

坦率地说，带孩子涉及的具体问题真是太多了，我们很难有一个统一的答案，真的是要具体问题具体分析，落实到具体问题上，又要看当时的情况灵活处理，既不是顺从老人而压抑自己，也不是坚持己见而压服老人，而是去寻求一个平衡的策略。

这么说会让很多人觉得摸不着头脑，很难把握，到底怎么样才算平衡呢？怎样才能具体问题具体分析呢？

你可以把所有的问题分成三类。第一类，必须坚持自己的意见。归入这一类的，都是最基本和重要的原则性问题，需要你坚守底线。第二类，要接纳和听从老人的意见。归入这一类的，是老人有明显优于年轻人的经验，你要虚心跟老人学习。第三类，是介于两者之间的，根据各自的性格、习惯、当时的气氛来决定，处理的方式可以很灵活，并没有一定之规。

三三制
（把所有问题分成三份，三种情况，三种对应策略）

最基本和重要的原则性问题
↓
必须坚持自己的意见

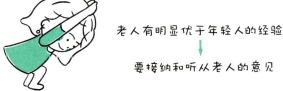

老人有明显优于年轻人的经验
↓
要接纳和听从老人的意见

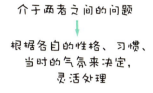
介于两者之间的问题

根据各自的性格、习惯、
当时的气氛来决定，
灵活处理

先说大家最关心的一类，就是要明确提出反对的意见，这可能是大家感到最棘手的问题。

什么情况下你要明确表达跟老人完全相左的意见呢？举个例子，孩子很小的时候不适于与妈妈分开，不能单独由老人带到外地去抚养。如果老人不懂得这方面的知识，提出把孩子带到老家去养，在这件事情上是不能妥协的。属于这一类的还有不少，像有的家庭老人带两个或更多个孩子，老人有明显的重男轻女思想或者对某个孩子有偏见，这对孩子的心理健康不利，不能忽视其影响。还有一些类似的，像孩子生病了不要随便输液，远离危险物品，不允许孩子拿别人的东西等，也可以归入这一类。总之，大是大非的问题，涉及孩子安全健康和长远大计的安排，不要轻易放弃原则，应该坚决守住底线。遇到这类问题，尽量耐心说服老人。有些老人能够理解，有些老人可能表现得十分不屑，但没有关系，重要的是你能够温和地坚守底线，即使有的时候付出一些情感上的代价。

是不是年轻人就一定比老人的观念更进步、做法更正确呢？

事实证明，并不总是这样。这就是我们要说的第二类情况，年轻人要跟老人虚心学习。俗话说，老马识途。老人常常比年轻人更懂得孩子的饱暖，也常在孩子出现一些状况时亮出多年的人生经验。有一次，我的孩子发烧厉害，身上长出许多小红点，我很着急，唯一想到的办法就是去医院。这时母亲说，这是玫瑰疹，过三天就没事了。果然，三天一过，孩子的烧退了，疹子也消了。

老人也会帮我们校正一些过激的做法。我们很容易认为老人的一些做法过时了、不科学，然而，老人们其实也有对年轻人的做法感到可笑可气的时候。"孩子夜里哭，她不给孩子喂奶，说是书上写的，要让孩子睡整觉，不能一哭就喂，还说群里的姐妹都这么做。"老人气得恨不能把孩子抢走了去喂。

不少平时看上去随和的女性当了妈妈之后会变得执拗，那位夜里不给孩子喂奶的妈妈，把网上某位专家的话和群里某些人的说法误当成了真理，完全忽略了实际情况，甚至不合乎常情了。而老人的做法其实更符合婴儿的实际需要，可是很多年轻人宁可相信书本和传言，也不相信老人。

其实，老人身上有很多我们可以汲取的智慧营养。他们比年轻人更有育儿经验，人格也相对比较稳定，这些都可以弥补年轻人的不足。

更多的情况是介于以上两者之间的，可以灵活地有弹性地来处理。

有一些老人的做法虽然不值得提倡，但也不是什么根本性的错误。比如，有的老人喜欢追着孩子喂饭，你可能担心时间长了孩子会养成不好好吃饭的习惯。这种事情你可以不必对正在追着孩子喂饭的老人大喝一声，说老人做错了。你完全可以缓一缓，慢慢来。最好你能多陪孩子吃饭，示范好的做法，温和地告诉孩子什么情况下就可以不吃了，无形中去影响老人。就算你这样做了，也仍然没能改变老人的做法，其后果其实也没有你想象得那么严重。

还有一些事情，你放弃自己的标准也不至于有什么负面影响。比如，老人给孩子做了件衣服，你觉得不够时尚。可是，孩子穿上这件衣服也没什么，反而会让老人开心，孩子和老人的感情也更好了，倒不妨给孩子穿上。

在大量类似的问题上，处理的关键是看如何有利于孩子的健康和两代人关系的建设。

放下焦虑，承担责任

如果你总是担心老人把孩子惯坏了、没教好，想要改变老人，你可能过于焦虑了。你可能对除你之外的其他任何一个带孩子的人都不信任。这是妈妈身上常见的现象，总觉得自己带的方式是最好的，别人带就不放心。这种情况同样存在于孩子入园和上小学以后，妈妈们会表现出对孩子的过分担忧。

你在批评老人的育儿方式老套的时候，老人可能会对你说：

"你就是我带大的，能有什么问题？"你迫切地想让老人改变，而老人却在告诉你，他走过的桥比你走过的路还多。这里面可能有老人的固执、不开放的原因，但从另一个角度看，老人其实也在表达一个意思，即你是一个新手，你过于紧张了，我是过来人，我告诉你，你可以放松一点。

有时我们过于焦虑了，强烈地以为老人的一些方式是不好的，非要改变，但是老人也处在这样的状态里，双方就会陷入对掐的局面。一位来访者回忆她小时候的成长经历，她到了妈妈那里，妈妈说她一身的坏习惯，都是被奶奶惯的，而到了奶奶那里，奶奶又指出她一堆毛病，说都是妈妈没教好。两个人都想带好孩子，都执着于自己的方法是正确的，孩子无形中被她们当成证明自己正确而对方错误的工具，成了牺牲品。

我们与老人的关系更像是一个公司的团队，为达成目标而共同协作。有不同的观念和做法，这很正常，我们要寻找一个相对较好的解决方案，而不是去证明谁比谁更高明。

我们其实无法从根本上改变老人。你不可能让一个一辈子习惯吃稀饭馒头的老人爱上西式早餐，更不可能改变他的性格、为人处世的方式。请老人帮忙带孩子，意味着我们不但要接受老人提供的帮助，同时也得接受他们的传统、观念和习惯。那位一直担心婆婆的方言问题的妈妈后来慢慢接受了婆婆说方言这个事实，她发现孩子并没有成为她想象中可笑的模样，孩子偶尔说句方言还能把身边人逗得哈哈大笑，造成意外的喜剧效果。而另一位总是制止母亲给孩子糖吃的妈妈在孩子稍大一些才知道，姥姥和孩子之间有一种特别的快乐方式，姥姥背着妈妈悄悄地塞一颗糖，孩子说，那是他童年里温暖的回忆。

在多数情况下，我们不必过多干预，可以更多地信任和放手。在信任的前提下，妈妈们是可以与老人共同来协商一些问题的处理方式的。老人带孩子，都是带着满腔爱来的，如果我们能把行为背后的善意与行为可能带来的影响区分开，就比较好说清楚了。比如那位妈妈能看到婆婆让孩子平躺，其实是想对孩子好，而不是要害孩子，那么问题的讨论就限定在哪一种睡姿更安全，在安全的前提下再考虑如何能让头型更美观，就不至于引发人身攻击，造成家庭混战。

你们可以协商并约定一些基本的规则，然后大家共同来执行。如果中途遇到意见不统一，你们不是在背后各说各的坏话，而是可以共同来讨论。我们也会遇到老人比较钻牛角尖的情况，无论你用什么方式，他都会按他的来，你会一再地感到挫败。那么，我们就看看这个让你感到挫败的问题是什么性质的，如果它不属于你一定要坚持的原则，你是不是也可以接受老人的方式，虽然不是很好，但在你的接受范围之内。如果是你认为的原则性问题，那么不妨你自己来解决，而不必一定要交给老人来做。

第九章

新妈妈的位置

在多人参与的育儿过程与家庭管理当中，新妈妈应居于核心的位置。实际中，很多新妈妈或主动或被动地离开了这个位置。

谁是育儿第一人

在人手多的情况下，带孩子这件事就有些复杂了。育儿过程中的角色分工、主辅搭配是非常值得重视的问题。

一位新妈妈向我描述她是如何丢掉她带孩子的主导权的。"一开始，孩子总是吸不出奶来，我特别着急，婆婆说，你挤出来，我用奶瓶喂吧。后来，就养成了习惯。"孩子两岁时，这位妈妈来咨询，哭着说，她错过了给孩子喂奶的机会，今生再也不可能把孩子揽在怀里，感受孩子吸吮自己乳汁的感觉了。她还说，由于她上班辛苦，晚上孩子和婆婆一起睡，时间久了，孩子依恋婆婆，跟她这个当妈的却疏远了。

显然，这位新妈妈已经成为形式上的母亲，丢掉了自己的位置。

在一些聘请月嫂的家庭，有的新妈妈对于如何弄孩子表现出强烈的无助感，她要不断地寻问月嫂如何做，而月嫂的每句话都如圣旨般不可违背，她的意见成了家里的育儿圣经；有的月嫂不让新妈妈带孩子，新妈妈唯一做的事是在规定的时间喂奶，由月嫂决定喂奶的时间并把婴儿抱过来，喂完奶又抱走；有的月嫂很有经验，可是人很强势，仿佛她是育儿事务的总指挥，新妈妈变成了跟班的；还有的月嫂一方面突显自己的专业经验，另一方面并不放开地传授育儿知识，在她离开的时候新妈妈感到束手无策，陷入焦虑与恐慌。

你是怎么弄丢位置的？

在育儿这件事上，母亲本来具有他人不可比拟的优势，因为孩子通常会优先认同母亲。但是新妈妈是第一次生育，没有经验，茫然又无助，辅助者有可能在这个时候越俎代庖，新妈妈有时已经被从母亲的位置上挤掉了还不自知。

现在市面上有各种带有商业引导性质的宣传，把带孩子描述成一件高深莫测的、难以驾驭的事，说是只有专业人士才能做好。同时，各种关于如何育儿的知识和方法层出不穷。这些似乎都在说明一个初为人母的女性是没有能力育儿的，新生儿的母亲似乎变成了一个什么都不懂的小学生。

有的老人在潜意识里想要获取孩子的主要照顾者的角色，会有意无意地驱逐、排挤新妈妈。一位女士向我描述她和婆婆的孩子争夺战。"婆婆说，你们周末要想带孩子出去玩就去，别说我拦着你们。可是很明显，我们一带孩子出去，她就会数落一大堆我们的不是。如果孩子回来生病了，或者有点小意外，就像捅了马蜂窝。似乎在这个家里，她才是唯一可以把孩子带好的人。"

有的时候，过多的人插手育儿事务，也会在客观上造成新妈妈有孩子被夺走的感觉。一个新妈妈请自己的母亲来照料自己，母亲想让她好好休养，什么都不让她弄，大活小活全包了。在孩子两个月的某一天，她忽然对着母亲大喊："把我的孩子还给我！"她说，那一刻她有一种无法克制的冲动，好像自己的里面有一个声音强烈地在说:"我才应该是那个带孩子的人!"

不论是出于潜意识的争夺,还是善意的呵护,辅助者越位,都会剥夺新妈妈带孩子的机会,阻断她和孩子的联结。

在新妈妈们为丢失了哺育孩子的核心位置而愤怒伤心的时候,她们更倾向于指责别人,而不去深究这是如何造成的。像上面那位被婆婆夺走位置的新妈妈,她其实是缺少这方面的意识的,她感觉孩子由别人带着也无所谓,自己乐得轻松,在半推半就中把位置弄丢了。但是过了两年,她清醒过来了,可是最好的哺育时机已经错过了。

新妈妈常以为别人不过是帮着带带而已,孩子还是自己的。可是孩子不同于东西,最初的阶段既关键又微妙,当你在孩子最需要你的时候离开了,他会迫切地找另一个人去依恋,你的帮手就是最好的依恋对象。还有的妈妈有意无意地曲解了人们安慰她的话,比如人们常说"出了月子就好了",她就想,那我把月子里的事交给月嫂,后面就会轻松了。可是出了月子发现,不是这么回事,原来一切才刚刚开始。还有人说,"过了三岁就好了",新妈妈就想,那前三年我就让别人带,等好带了我再带,她这么决定的时候还不知道自己会错过黄金育儿期。

对这些知识有些妈妈心里也是清楚的,但她仍然有可能没有待在一个母亲应在的位置上。她可能是有意识做出这样的选择,比如她更迫切地想要发展事业,也有可能她其实是想要逃避,找个理由把孩子交给别人。有时候老人并没有想要夺取带孩子的主导权，但是妈妈离开了她的位置，总得有人来接替，于是老人成为代替她执行母亲职责的人。一些年轻人把带孩子的担子交给老人，然后又对老人带孩子的方式表示不满，遇到问题就说是老人没带好，实际上是年轻人自己没有承担起责任，老人成了养育孩子失败的替罪羊。

新妈妈才是真正的专家

有一个最基本的事实是大家普遍没有认识到的，那就是，新妈妈才是真正的育婴专家。

生过孩子的女人大概都体验过，在孩子刚刚出生时，她对于跟自己孩子相关的一切信息有多么敏锐。这种特殊的直觉和能力只存在于这个孩子的妈妈身上，即使是曾经养育过几个孩子的女性、非常有经验的育儿专业工作者，她们也只是具有经验，却没有妈妈这种与自己孩子的内在的连接。而且，这只存在于孩子出生后的一个特定时期，过了这个阶段，这种能力也就变弱了。

温尼科特曾明确地指出："当今社会，妈妈对小婴儿的重要价值常常遭到否定，人们说在头几个月里，只需要把小婴儿的身体照顾好，一个优秀的护士或保姆，甚至是姥姥姥爷或奶奶爷爷也能做得和妈妈一样好，这简直是对妈妈价值的最极端的否定，否定作为妈妈自然而然就能萌发出来的母性和养育性。"

不管是产妇本人还是负责照料她的家人或者月嫂、保姆，都要区分开先天的本能和后天的经验这两类能力。月嫂等辅助者并不拥有新妈妈的直觉，她们能提供的是后天的经验。新妈妈确实在后天的经验方面是欠缺的，是需要学习的。但是，不要忘记，新妈妈拥有的直觉是再有经验的人都不具备的，新妈妈才是那个天生的照料婴儿的专家，是育婴事务里的核心角色。

照顾婴儿最好的人不是别人，而是妈妈，而妈妈此时也是需要被照顾的，这应该由父亲以及其他亲属、帮手来做。这是一种比较理想的方式，而不是一些人把婴儿抱走，他们以为这样减轻了产妇的负担，但实际上对婴儿和妈妈都会造成损害。

新妈妈应始终待在母亲的位置上，不要轻易离开。如果一个新妈妈能够明确自己在育婴事务中的核心位置，她就不会那么容易被边缘化，她更能掌握主动，她会学着去给他人赋权，在协商的基础上安排育婴事务。如果自己能提前学习一些相关的知识和技能，跟有经验的人士多多请教，做到心中有数，那就更好了。

回到妈妈的位置

有一些新妈妈确实错过了最初的时机，后面又想要归位，回到妈妈的位置上去。这会带来一场不小的挑战。首先是与孩子的关系，妈妈需要花很多的精力和情感去与孩子建立或加强连接。其次是与那个代替了母亲位置的养育者之间的关系，她们之间可能产生争夺，像前面提到的那对婆媳，婆婆轻易不肯撒手，妈妈也很难有机会，这样僵持的拉锯战在她们之间持续了好几年。

如果过于退缩，往往表明你还没有力量和自信去坐在育儿事务第一人的位置上。一位新妈妈在婆婆不让她给孩子洗脸的时候就乖乖地服从了。她说："我不想吵，这样对孩子不好。再说，她是老人，我要孝顺。我是有教养的，总不能为这种小事吵架吧？"这些理由固然不错，但实际上，这位新妈妈的内心其实是害怕冲突和斗争的，她怕自己不会带，怕婆婆骂人，怕难堪。

你需要诚实地面对你的恐惧。如果恐惧不能消失，那么就让你的恐惧在那里好了，去调用恐惧之外的东西，比如勇敢、坚定地去表达你的立场，做你该做的。那位妈妈后来终于鼓起勇气，在一天早上对婆婆说："妈，这两年都是您给孩子洗脸，辛苦了。现在我会了，也有时间，就让我来吧，以后您就别管了。"从那以后，她逐渐回归到妈妈的位置上，婆婆则一步步退到辅助者的位置上去。

但是我们并不主张快刀斩乱麻式的处理方式。在孩子已经与妈妈疏离、对另外一个养育者产生依赖之后，你突然终止了孩子和这个养育者的关系，意味着孩子再一次被抛弃，会再次给孩子造成创伤。

比较稳妥的做法是从小事做起，逐渐过渡。如果一直是由婆婆带孩子，可以逐渐减少孩子与婆婆在一起的时间，增加妈妈带孩子的频率，直到妈妈和孩子的关系变得稳定，再请婆婆回到辅助者的位置上去。跟保姆也是一样，孩子长时间由保姆照顾，也会对保姆产生依赖。很多家庭长期把孩子扔给保姆，等到孩子三岁能上幼儿园了，就突然间让保姆离开，中断与保姆的所有联系，这对孩子并不好。可以慢慢来，逐渐减少保姆带孩子的时间，等保姆退出了，仍能保持必要的连接，这样就减缓了给孩子带来的震荡。

身处变动的家庭系统

在我们生育和养育孩子期间，家庭系统会发生激烈而频繁的变化，这给女性带来的挑战不亚于生养孩子本身。如果说生了孩子，从二人世界进入三角关系，那么当有更多的人因为孩子的原因而加入这个家庭团队，就变成了很多个三角关系。比如在一个由公公、婆婆帮忙带孩子的家庭里，就有丈夫、妻子和孩子的三角关系，公公、婆婆和老公的三角关系，还有公公、婆婆和儿媳的三角关系，公公、婆婆和孩子的三角关系，婆婆和儿子、儿媳的三角关系，婆婆和儿媳、孩子的三角关系……这让家庭关系一下子变得错综复杂了。

在系统变得复杂的情况下，一个新妈妈既是丈夫的妻子，又是孩子的妈妈、母亲的女儿、公婆的儿媳，还是这个家的女主人。如果她在社会上还有其他身份，她的责任就更多了。

系统变，我也变

心理学家哈利提出了生活周期的概念，他认为所谓的问题常常出现在家庭生活周期发生变化或中断时，这常常意味着，家庭在克服某一阶段中的问题时遇到了麻烦。新妈妈正是处在从新婚成家到养育新人的转折期，她相应地会承受这个转折所带来的压力，同时，生育孩子本身也是家庭要面临的挑战。

在一个几代人同堂的家庭里，家庭中有好几条线在运作。孩子正处于成长期，年轻的父母正处在养育新人的阶段，而老人则处在夕阳晚景期。分别处在不同阶段的人有着不同的需要、不同的情感，大家相处一室，既互相补充、互相取暖，也互相挤压，甚至互相伤害。

我们身处的系统变了，自己也要相应地跟着变。有的新妈妈没有这个意识，就会碰壁。一位新妈妈和丈夫的关系一直很亲密，吃饭的时候丈夫总是先夹一筷子送到她嘴里。婆婆来帮忙带孩子了，这个习惯还保留着，结果第一天就遭遇了尴尬，丈夫刚刚夹了一筷子菜送到她嘴边，婆婆把碗往桌上一摆，走了。

这并不是谁对谁错的问题，是每个人都还处在旧的系统里。年轻夫妇还像以前二人世界时一样旁若无人地示爱，但是此时这个系统里不止两个人，还有婆婆。而且，婆婆也处在她的旧系统里，她大概还想象着以前儿子在家的时候是什么样子，突然一下子儿子表现得好像眼里没有自己，却跟另外一个女人格外亲密，她受不了。

家庭的每个成员都会在新系统中进行适应和调整。新妈妈自身更是其中的关键人物，需要不断地调适，同时作为母亲，又有义务为孩子营造良好的家庭氛围。如何扮演好新妈妈的角色，如何与带着关心与帮助的意愿进入家庭的成员相处，如何在妻子、儿媳妇、女儿、女主人等角色之间自由地切换，这些都成为新妈妈要紧的功课。

像前面这种情况，可以跟丈夫私下约定好，两个人感情好可以在私下多表达，当着老人的面就适当地收敛一下。日常生活的习惯方面，以前可能在家穿着比较暴露，但是老人来了后可能看不惯，就需要注意。可能过去都习惯开夜车，现在有了孩子，老人也来了，又是产后休养期间，就不适合熬夜了，要改变作息时间。

更重要的是关系。当有人进入这个家来帮忙，就意味着这个家庭的成员增加了。不要觉得他们不是这个系统里的人，其实在这个当下，他们都是这个系统的一部分。比如，我们常常觉得保姆是外人，可是经历过换保姆的家庭都有体验，一个干了挺长时间的保姆突然离开，会给一个家庭带来很大的困扰，这时候就能体会到，实际上，保姆已经成为不是家人的家庭成员，她也在影响着整个家庭。

所以，要以新的眼光来看待家庭成员，就像我们过去排好了队，现在有新人来了，我们要调整各自的位置，给新人腾出空间，让他加进来。如果中间有人员变更，也要及时调整。

夫妻关系是家庭关系的核心

如果我们请一个新妈妈列出她当下最关心的三个人，都会是谁呢？也许你以为每个人列出的会大不相同，但大家的答案惊人的相似：孩子、老人、丈夫或者孩子、丈夫、老人。排在第一位的基本上是孩子，而排在第二位的，选择老人的比选择丈夫的更多。

在我们还是孩子的时候，最关心的可能首先是和父母的关系，然后是和同伴或者老师的关系。在我们恋爱或刚结婚的时候，最关心的可能是和丈夫的关系，然后是工作中的关系。现在，当有了孩子后，绝大多数妈妈理所当然地把孩子排在了第一位。

可是，从长远看，夫妻关系才是家庭关系的核心。一个家庭的经济来源、抗风险能力，都是以夫妻关系为基石的。亲子关系是随着孩子的成长而从紧密一体的状态发展成完全分离的状态，与上一代人的关系也相对稳定，保持着远距离的关心与支持，但不会比夫妻关系更紧密。如果夫妻关系发生动摇，整个家庭便会发生动摇。

有的时候我们会很纠结，觉得无法不去更关注孩子和父母。孩子确实需要我们关注，但是他更需要父母营造良好的家庭氛围；父母需要我们关注，他们也关注我们，但是他们更希望你们夫妻能过得好。你们有一个稳定的小家，才会有一个稳定的大家。

你是家庭 CEO

当我们处在一个忽然变得复杂的家庭系统中，管理成了一件不可忽视的事。也许管理一个家没有管理一家公司听起来那么"高大上"，可实际上，管好一个家不是一件小事情。我们的社会正是由一个个家庭构成的。如此想来，每一个家庭里的女主人就好像在替社会管理着无数个以家庭为名的公司，而她管得好不好直接影响着这个社会里人们的幸福指数，决定着下一代人会是什么样的，这哪里是小事呢？

如果我们把管理公司的人叫 CEO，那么我们家庭的女主人，就可以称为家庭 CEO。别瞧这个 CEO 管理的人不多，可是麻雀虽小，五脏俱全，从物品的采购到人员的流动，从情绪的管理到冲突的解决，从买房、生育等重大问题的商议决策到其后的一系列执行，要管好一个家，并不像人们以为的那么简单容易。

有的新妈妈并没有意识到自己是一个家的女主人，更谈不上什么 CEO 了。一位来访者是一个两岁孩子的妈妈，可是结婚四年以来，她从来没有开过火，都是到住在同一个小区的婆婆家吃饭，家里的大小开支都是婆婆来决定的。她觉得很好，因为她不喜欢操心。可是她的危机在后来显现出来，有一天她发现孩子总是去找奶奶，而丈夫跟她吵了一架之后也搬到公婆那里去住了。她忽然意识到，她的家不过是个房子而已，婆婆那里才是所有人心中的家。

女主人可以当仁不让地担当起家庭 CEO，带领其他的家庭成员，比如来帮忙带孩子的老人或者临时雇用的保姆，来协助完成养育孩子的任务。女主人稳定的情绪和良好的沟通能力对于这个家庭的长期稳定至关重要。

我还记得小时候妈妈说，今天的饭真好吃，全家人都会觉得好吃，这顿饭就全部吃光了。有一天妈妈说，这饭怎么咽不下去，结果这顿饭大家都吃得不香，都剩下了。妈妈的情绪影响着整个家。今天，当我为人妻母，发现同样的事情发生在自己家里。当我开心的时候，似乎整个家庭气氛都好起来了，而当我心情糟糕时，丈夫变得沉默，孩子也很紧张。

也许我们并不总是快乐的，那么，我们就把学习拥有一种相对比较好的稳定的情绪状态作为一个功课吧，这大概是每一个妈妈的必修课。

另一个必修课是沟通能力。过去，人们对管理者的印象是坚决果断、雷厉风行的，可是现在，即便在企业里，大家也在倡导管理者更多地倾听，给团队以鼓励。在家庭里就更应该这样，一个好的家庭 CEO 可以倾听家人的意见，不断给家人鼓励，接纳包容他人，并在出现冲突的时候努力化解。

就像没有人一生下来就是一个好的管理者一样，一个女性要当好一个家，其实也是需要学习的。你有必要学一些可以让家庭变得更好的技能。比如，如何解决人手不足，如何与家庭成员商议大事小情，如何主持一个家庭会议……你学习的过程可以不必太快，但是你不能把位置让给他人，因为你是这个家唯一的女主人。

建立你的支持系统

你还需要学会调动周围的资源来支持你。这不是你说一句话别人就来帮你那么简单。你需要有求人的勇气，还要能去沟通。如果别人不能帮你，你还能想别的办法。

一位新妈妈在孩子三岁的时候决定重新出来做事，她毅然报了个培训班，又让老人来帮忙带孩子。按说这是好事，可是她又怕老人不愿意，她就希望丈夫能出面解决好。可是丈夫并不知道她有这个想法，没做什么，她就很失望，冲丈夫发脾气，又想到这几年她一个人带孩子有多辛苦，翻出很多旧账。

这位妈妈最终放弃了出去做事，她并不是不具备条件，也不是没人支持她，而是她还不具备调用资源的能力，还不会沟通和协调。

女性普遍感觉帮助别人更容易，而让别人帮助自己是一件难以启齿的事情。然而，在你需要支持的时候，学着去寻找资源并利用它，这是你在这个时期需要发展出来的一种能力。这并不是说你要变成一个以自我为中心的人，而是在你要承担的事情那么多、责任那么大的时候，在你一个人的力量有限的情况下，获得他人支持是一种解决之道。等过了这个阶段，你又可以更多地给予，像别人曾经帮助过我们一样去帮助别人。

你可以列一列自己都需要什么样的帮助，想一想谁能够帮助你解决问题，下面是一位新妈妈列出的求助计划表的一部分：

需要	具体做什么	首要人选	替代人选
安全感	在孩子生病等重要的时刻有人在身边	丈夫	其他家人
家务分担	帮忙照看孩子，整理家务	老人，保姆	姐妹，小时工
心理支持	提供心理方面的支持和建议	丈夫，好友	心理咨询师
……	……	……	……

你也可以列一个自己的求助计划表。不妨列得更加具体，比如关于家务的分担，你可以把每周一次的打扫交给婆婆，在遇到孩子生病等特殊情况时叫母亲来帮忙，在你有事不能自己带孩子的时候，能否由有相近年龄孩子的邻居帮着带，周末你想过自在

的一天，是不是可以由丈夫带着孩子去公园或博物馆……

在情感上，你同样需要支持，谁能支持你呢？遇到什么样的情况，你去找谁，需要他如何做呢？在你一个人带孩子又管理着家庭里的一大堆事务的时候，你其实非常需要有人能听你诉说，这个人是谁呢？跟他 / 她可以谈的是哪方面的内容呢？当然，这样的对象可以不止一个。一位新妈妈说她在最难过的时候幸亏有

给自己列一个求助计划表吧～

求助计划表

需求	具体做什么	谁能帮助	替代人选

姐姐，每次孩子和家中的很多事情让她郁闷烦躁的时候，她给姐姐打电话倾诉一番，就会感觉好多了。

同时，你可能需要交往跟你有着相似处境的年轻妈妈，跟她们交上朋友，你们一起分享各自的经历，会有很多启发。如果有新妈妈的支持团体，那就更好了，在一个团体中，大家有着相似的议题，互相激发，互相取暖，彼此支持。

感谢您阅读此书，如果它对您有所帮助，那是我极大的荣幸。在此，特向众多在我成为妈妈的人生转折过程中提供支持的人表示感谢。

　　感谢我的孩子，是她让我成为母亲，正是通过她，我看到生命的奇迹，也看到曾经的我自己，我们可以共同去体验和创造生命；感谢我的丈夫何桂生，是他主动地分担了家庭的重担，让我有可能深入地体验做妈妈的过程，有时间与空间实现我个人的成长；感谢我的父母，由于他们的无私付出，减轻了我的负担，而他们的存在，也帮助我更深的疗愈；感谢我的妹妹和身边更多的亲友，他们的关注给予我支持，让我深感人世间的温暖；感谢曹新书、李智纯、安家宁等几位老师给予我的持续关注与鼓励，他们的善良与正直鼓舞我一路前行；感谢心理学路上的导师和伙伴们，是他们的引导与陪伴，让我在个人成长和心理咨询的道路上走到今天。

　　同时也向支持我写作的所有人表示感谢。感谢北京朝阳区麦子店社区的吴金梅老师，正是她的一句话提醒了我，开启了我的新妈妈创作之旅；感谢我的好友宋秀芳，她在我的写作陷入停滞期间几次及时地鼓励督促我，使我重启了一度被搁浅的写作。感谢华夏出版社提供的出版机会，特别要感谢编辑朱悦和王凤梅。如果说我写这本书像孕育和生产一个孩子，那么朱悦和凤梅则是我在难产的时候幸运地遇到的优秀助产士。她们身上爱与包容的特质和精益求精的专业精神成为我的重要助力，最终促成了这本书的诞生。

最后，要特别感谢那些向我分享人生经历的新妈妈们！正是通过她们，我看到女性的伟大！

感恩一切助缘！祝福天下的母亲，平安、健康、幸福！

舒　心

2018 年 12 月